Kommunale Dauerverlustbetriebe und verdeckte Gewinnausschüttung

Kommunalwirtschaftliche Forschung und Praxis

Herausgegeben von Wolf Gottschalk

Band 11

PETER LANG

Frankfurt am Main · Berlin · Bern · Bruxelles · New York · Oxford · Wien

Bohdan Kalwarowskyj

Kommunale Dauerverlustbetriebe und verdeckte Gewinnausschüttung

PETER LANG
Europäischer Verlag der Wissenschaften

Bibliografische Information Der Deutschen Bibliothek
Die Deutsche Bibliothek verzeichnet diese Publikation in der Deutschen Nationalbibliografie; detaillierte bibliografische Daten sind im Internet über <http://dnb.ddb.de> abrufbar.

Gefördert aus Mitteln des
Finanz- und Wirtschaftsrats beim
Verband Kommunaler Unternehmen e.V.

ISSN 1435-8468
ISBN 3-631-54868-0

www.peterlang.de

Inhaltsverzeichnis

1. Ausgangslage

Der BFH hatte mit Urteil vom 14.07.2004[1] wieder einmal Gelegenheit, zu den komplexen Fragestellungen im Zusammenhang mit der wirtschaftlichen Betätigung im Umfeld von Körperschaften des öffentlichen Rechts Stellung zu beziehen. Strittig war, ob die Zusammenfassung von zwei unterschiedlichen Betrieben gewerblicher Art in einer der Kommune zu 100% gehörenden GmbH und damit die steuerliche Ergebnisverrechnung zulässig ist. Im Urteilsfall betrieb die GmbH ein Parkhaus, deren Verluste durch Beteiligungserträge aus einer Beteiligung von 74% an der Stadtwerke GmbH zu Zeiten des körperschaftsteuerlichen Anrechnungsverfahrens auch mit steuerlicher Wirkung vollständig ausgeglichen wurden[2]. Im Streitjahr 1996 wurde in die GmbH noch zusätzlich der kommunale Betrieb gewerblicher Art „Bäderbetrieb“ eingelegt, der einen Verlust in Höhe von 2,1 Mio. DM erzielte.

Die Finanzverwaltung wollte die steuerliche Ergebnisverrechnung auf Ebene der GmbH unter Hinweis auf R 5 (11a) KStR 1995 nicht anerkennen, da es sich bei der Zusammenfassung verschiedenartiger kommunaler Betriebe in einer GmbH um einen Missbrauch rechtlicher Gestaltungsmöglichkeiten gemäß § 42 AO handele. Dem widersprach der BFH. Danach steht es auch Körperschaften des öffentlichen Rechts vollkommen frei, ihre Betriebe gewerblicher Art in einer Rechtsform innerhalb der gesetzlichen Vorschriften zu organisieren, die die Kommune für zweckmäßig

---

1 BFH vom 14.07.2004, I R 9/03, BFH/NV 2004 S. 1689

2 das Einlagenmodell – sog. indirekter Querverbund – führt nur bei der KSt/SolZ zum steuerlichen Ergebnisausgleich, bei der GewSt nicht

erachtet[3]. Danach ist auch die Zusammenfassung verschiedenartiger Betriebe gewerblicher Art in der Organisationsform privatrechtlicher Kapitalgesellschaften als zulässige Handlungsform anzusehen. Eine Grenze der Organisationsfreiheit könne nur dort gesehen werden, wo die Zusammenfassung ausschließlich oder zumindest überwiegend zum Zwecke der Steuervermeidung erfolgt.

Das zunächst aus Sicht der Steuerpflichtigen sehr erfreuliche Urteil ist durch die Zurückverweisung des Falles an das Finanzgericht noch nicht bestandskräftig. Danach hat der BFH dem Niedersächsischen FG den Auftrag erteilt, ergänzend zu prüfen, ob im Streitfall die Voraussetzungen einer verdeckten Gewinnausschüttung vorliegen.

Nach Angaben des Verbandes Deutscher Verkehrsunternehmen e.V. (VDV) verrechnen Kommunen jährlich alleine Verluste aus dem Betrieb des öffentlichen Personennahverkehrs (ÖPNV) in Höhe von rd. 1,4 Mrd. Euro mit Gewinnen vornehmlich aus dem Bereich der Energieversorgung (Strom, Erdgas und Wasser). Hinzu kommen noch derzeit nicht quantifizierbare verrechenbare Verluste aus anderen Sparten wie z.B. den Bäderbetrieben. Wäre der Wegfall der Steuervorteile durch den steuerlichen Querverbund nicht schon genug Belastung für die überstrapazierten öffentlichen Haushalte, kommen neben der Einkommenskorrektur noch die Belastungswirkungen aus der Behandlung als andere Ausschüttung hinzu. Das sind bezogen auf die verdeckte Gewinnausschüttung regelmäßig immerhin nochmals 10,55% Kapitalertragsteuer incl. SolZ[4], falls die verdeckte Gewinnausschüttung unmittelbar an die Trägerkörperschaft erfolgt und die Trägerkörperschaft der GmbH die einzubehaltenden Steuern wieder erstattet. Trägt hingegen die

---

3 so bereits BFH vom 10.05.1955, I 131/53 U, BStBl 1955 III S. 210

4 Bei Nachweis des Status als inländische juristische Person des öffentlichen Rechts ist der Kapitalertragsteuerabzug gem. § 44a (8) KStG nur hälftig vorzunehmen, also 10%. Hinzu kommen 5,5% SolZ

GmbH die Steuerbelastung, erhöht sich die zusätzliche Belastung der verdeckten Gewinnausschüttung auf mehr als 11,79%[5]. Bei einer mehrstufig aufgebauten Holdingstruktur entstehen auf jeder steuerpflichtigen Ebene nochmals 5% steuerpflichtiges Einkommen[6]. Hinzu kommt noch die Umsatzsteuer mit dem Regelsteuersatz von derzeit noch 16%, wenn der Vorgang als Leistungsaustausch (fiktive Geschäftsbesorgung) eingestuft wird. Verschärfend kommt bei der Umsatzsteuer hinzu, dass die Bemessungsgrundlage nicht um einen ertragsteuerlich gegen zu rechnenden Vorteilsausgleich gemindert wird.

Die Finanzverwaltung hat bereits in den KStR 2004 sehr schnell auf dieses Urteil reagiert. Die bisherigen Richtlinien enthielten in R 5 (11a) KStR 1995 den Hinweis, dass die Zusammenfassung von Gewinn- und Verlustbetrieben unter dem Gesichtspunkt des Missbrauchs rechtlicher Gestaltungsmöglichkeiten zu prüfen war. Der Hinweis auf den Gestaltungsmissbrauch fehlt in den KStR 2004. Stattdessen wird auf das Vorliegen einer verdeckten Gewinnausschüttung verwiesen. Eine verdeckte Gewinnausschüttung ist wiederum ausdrücklich nur für den Fall zu prüfen, dass in einer Kapitalgesellschaft unterschiedliche Tätigkeiten zusammen gefasst werden, die – würden sie in Betrieben gewerblicher Art ausgeübt – nicht zusammengefasst werden könnten[7].

In der nachfolgenden Untersuchung wird der Nachweis geführt, dass die Zusammenfassung von „strukturell" dauerdefizitären Betrieben wie öffentlicher Personennahverkehr (ÖPNV) oder Bäder innerhalb einer Kapitalgesellschaft gemeinsam mit andersartigen Gewinnbetrieben in Höhe der anfallenden Verluste nach der bestehenden Rechtsordnung **nicht** zu einer verdeckten Gewinnaus-

---

5 10,55/89,45 *100; 11,18 Punkte KESt zzgl. 0,61 Punkte SolZ.

6 § 8b (5) KStG

7 Dötsch/Pinkos, Der Betrieb 2005 S. 125

schüttung an die kommunale Trägerkörperschaft führt. Damit wird die bisherige steuerliche Behandlung bestätigt.

Wäre die Annahme einer verdeckten Gewinnausschüttung an die Trägerkörperschaft bei strukturell dauerdefizitären kommunalen Betrieben entgegen der hier vertretenen Auffassung zu bejahen, könnte die verdeckte Gewinnausschüttung nicht auf den ÖPNV und Bäderbetriebe beschränkt bleiben, da die Begründung der verdeckten Gewinnausschüttung auf alle dauerdefizitären Betriebe gewerblicher Art anwendbar wäre. Eine Stadt aus Nordrhein-Westfalen hat beispielhaft ihre aktuellen dauerdefizitären Betriebe gewerblicher Art aufgelistet, für die die Stadt im Beispieljahr insgesamt einen Verlust von 217 Mio. Euro getragen hat:

- Bibliotheken 10 Mio. €
- Museen 9 Mio. €
- Großbauten/Gaststätten 4 Mio. €
- Sportbetriebe 8 Mio. €
- Bäderbetriebe 7 Mio. €
- Kindergärten 50 Mio. €
- Theater 40 Mio. €
- U-Bahnanlagen 25 Mio. €
- Wirtschaftsförderung 4 Mio. €
- ÖPNV 60 Mio. €

Es sind natürlich bei anderen Gemeinden noch weitere dauerdefizitäre Tätigkeiten wie Tierpark, Altenpflege etc. vorhanden. Kann dann tatsächlich z.B. im Betrieb eines Kindergartens eine verdeckte Gewinnausschüttung an die Trägerkörperschaft anzunehmen sein?

2. Grundzüge der Besteuerung der öffentlichen Hand

Um zu einer vernünftigen Beurteilung dieser Rechtsfrage kommen zu können, muss man sich zunächst die Grundsätze der Besteuerung der öffentlichen Hand vor Augen halten. Danach unterliegen juristische Personen des öffentlichen Rechts grundsätzlich nicht der Besteuerung mit zwei Ausnahmen:

- juristische Personen des öffentlichen Rechts sind **beschränkt** steuerpflichtig mit den inländischen Einkünften, die dem Steuerabzug vollständig oder teilweise unterliegen[8] [9].
- **Unbeschränkte** Steuerpflicht besteht, soweit juristische Personen des öffentlichen Rechts Betriebe gewerblicher Art unterhalten[10].

Im folgenden soll die Besteuerung der Betriebe gewerblicher Art sowie die Besteuerung der entsprechenden Tätigkeiten in Kapitalgesellschaften näher untersucht werden.

2.1. Betriebe gewerblicher Art

Betriebe gewerblicher Art juristischer Personen des öffentlichen Rechts sind alle Einrichtungen, die einer nachhaltigen wirtschaftlichen Tätigkeit zur Erzielung von Einnahmen außerhalb der Land- und Forstwirtschaft dienen und die sich innerhalb der Gesamtbetä-

---

8 § 2 Nr. 2 KStG

9 Gemäß § 32 (1) Nr. 2 KStG gilt die beschränkte Steuerpflicht als mit dem Steuerabzug als abgegolten

10 § 1 (1) Nr. 6 i.V.m. § 4 KStG

tigung der juristischen Personen des öffentlichen Rechts herausheben[11].

Eine **Gewinnerzielungsabsicht** oder die Beteiligung am allgemeinen wirtschaftlichen Verkehr ist ausdrücklich **nicht erforderlich**[12]. Liegt bei einem Betrieb gewerblicher Art keine Gewinnerzielungsabsicht vor, unterliegt dieser Betrieb gewerblicher Art zwar der unbeschränkten Körperschaftsteuerpflicht, nicht jedoch der Gewerbesteuer[13]. Der *Betrieb gewerblicher Art* ist auch nicht zu verwechseln mit dem *wirtschaftlichen Geschäftsbetrieb*, der insbesondere bei juristischen Personen des privaten Rechts (z.B. Vereine) der Besteuerung zu Grunde gelegt wird[14].

Das Verhältnis zwischen dem Betrieb gewerblicher Art und der Trägerkörperschaft (juristische Person des öffentlichen Rechts) wird nach ständiger Rechtsprechung des BFH so behandelt, als ob der Betrieb gewerblicher Art eine Kapitalgesellschaft und die Trägerkörperschaft deren Alleingesellschafter wäre[15]. Dies gilt steuerlich unabhängig davon, ob die Trägerkörperschaft nach der im jeweiligen Bundesland gültigen Eigenbetriebsverordung dem Betrieb gewerblicher Art eigenes Vermögen mit eigener Satzung zuordnet – Schaffung eines sog. Eigenbetriebs – oder aus ihrem Gesamthaushalt heraus tätig wird – sog. Regiebetrieb. Dies hat zur Konsequenz, dass im Gegensatz zur Einkommensbesteuerung natürlicher Personen die Trägerkörperschaft interne Vereinbarungen mit ihrem Betrieb gewerblicher Art treffen kann, die auch der Besteuerung zugrunde gelegt werden. Deshalb dürfen z.B. Betriebe gewerblicher

---

11 § 4 (1) Satz 1 KStG

12 § 4 (1) Satz 2 KStG

13 § 2 (1) Satz 1 GewStG und § 2 (1) GewStDV; BFH vom 14.10.1964, BStBl 1965 II S. 95, BFH vom 22.08.1984, BStBl 1985 II S. 61, BFH vom 14.03.1990, BStBl 1990 II S. 866

14 § 14 AO; § 5 (1) Nr. 9 KStG, § 64 AO

15 BFH vom 17.05.2000, BStBl 2001 II S. 558, BFH vom 03.02.1993, BStBl 1993 II S. 459; R 33 (1) KStR, H 33 KStR „Vereinbarungen"

Art an ihre Trägerkörperschaft gezahlte Schuldzinsen[16] und Konzessionsabgaben[17] als Betriebsausgaben abziehen.

Andererseits nimmt die Rechtsprechung dann konsequenterweise bei Vereinbarungen zu Lasten des Betriebes gewerblicher Art, die einem Fremdvergleich nicht standhalten, eine verdeckte Gewinnausschüttung an [18].

Hat die juristische Person des öffentlichen Rechts mehrere Betriebe gewerblicher Art, ist sie Körperschaftsteuersubjekt wegen jedes einzelnen Betriebs[19]. Die Beteiligung an einer Mitunternehmerschaft im Sinne des § 15 (1) Satz 1 Nr. 2 EStG begründet dabei einen eigenen Betrieb gewerblicher Art[20].

2.2. Zusammenfassung von Betrieben gewerblicher Art

Die Zusammenfassung mehrerer Betriebe gewerblicher Art zu einem Steuersubjekt mit der Folge der Ergebnisverrechnung wird steuerlich anerkannt, wenn es sich um **gleichartige** Betriebe gewerblicher Art handelt. **Nicht gleichartige Betriebe** gewerblicher Art dürfen steuerlich grundsätzlich nicht zusammengefasst werden. Eine Zusammenfassung ist aber dann wieder zulässig, wenn zwischen den nicht gleichartigen Betrieben eine nach dem Gesamtbild der Verhältnisse *objektiv enge wechselseitige technisch-wirtschaft-*

---

16 zu den Grenzen vgl. R 33 (2) KStR

17 zu den Grenzen H 33 KStR „Konzessionsabgaben“

18 BFH vom 24.04.2002, BStBl 2003 II S. 412, H 36 KStR „Betriebe gewerblicher Art“

19 BFH vom 13.03.1974, BStBl 1974 II S. 391 und BFH vom 08.11.1989, BStBl 1990 II S. 242; BFH vom 11.12.1997, BFH/NV 1997 S. 625; H 6 KStR 2004 „Allgemeines“

20 R 6 (2) Satz 2 KStR

liche Verflechtung von einigem Gewicht besteht[21] [22]. Die Zusammenfassung eines Betriebs gewerblicher Art mit einem Hoheitsbetrieb ist steuerlich generell nicht zulässig[23].

Die Zusammenfassung mehrerer Versorgungsbetriebe (Strom, Gas, Wasser und Wärme) oder von Versorgungsbetrieben mit Verkehrs- und Hafenbetrieben ist von der höchstrichterlichen Rechtsprechung auch ohne wechselseitige technisch-wirtschaftliche Verflechtung anerkannt worden, da die in ihnen ausgeübten Betätigungen dem gleichen Gedanken, nämlich der Versorgung der Bevölkerung, untergeordnet sind[24].

Der sog. **indirekte steuerliche Querverbund**, bei dem einem Verlustbetrieb gewillkürtes Betriebsvermögen regelmäßig in Form ertragstarker Beteiligungen oder Aktien zugewiesen wird, wird steuerlich ebenfalls anerkannt. Die Grenze zieht die Finanzverwaltung dort, wo eine 100%ige Beteiligung eingelegt wird. In diesen Fällen wendet die Finanzverwaltung wiederum die allgemeinen Zusammenfassungsgrundsätze an; der Verlustbetrieb und die Beteiligung müssen dann gleichartige Betriebe haben bzw. es muss eine

---

21 BFH vom 04.09.2002, BFH/NV 2003 S. 511; GrS des BFH vom 16.01.1967, BStBl 1967 III S. 240 und BFH vom 19.05.1997, BStBl 1997 II S. 510; R 7 KStR

22 Typisch für so eine Verflechtung ist der Betrieb eines Blockheizkraftwerkes (BHKW) zur Beheizung eines Bäderbetriebs sowie zur Erzeugung von Wärme und Strom; vgl. OFD Frankfurt am Main vom 27.07.1995, StE 11-12/1995 S. 149 und DB 1995 S. 2094; vgl. Hinweis des BFH vom 04.09.2002, BFH/NV 2003 S. 511 unter II. 3 b) letzter Absatz.

23 BFH vom 10.07.1962, BStBl 1962 III S. 448; H 7 KStR „BgA mit Hoheitsbetrieb"

24 BFH vom 08.11.1989, BStBl 1990 II S. 240; vgl. Aufzählung in § 4 (3) KStG; im KStG 1925 wurden diese Betriebsarten in § 7 (1) KStG 1925 als **Versorgungsbetriebe** definiert. Damals waren Versorgungsbetriebe von der Steuer befreit.

enge wechselseitige technisch-wirtschaftliche Verflechtung von einigem Gewicht bestehen[25].

2.2.1. Hinweis zur Gewerbesteuer

Ob die für die Körperschaftsteuer geltenden Zusammenfassungsgrundsätze auch uneingeschränkt im Gewerbesteuerrecht Anwendung finden, ist umstritten. Aktuelle Urteile von Finanzgerichten[26] ziehen dies in Zweifel. Es wird auf die in den Gewerbesteuerrichtlinien[27] festgelegten Grundsätze zur Mehrheit von Betrieben hingewiesen. Danach bildet jeder einzelne Gewerbebetrieb gewerbesteuerrechtlich einen selbständigen Steuergegenstand. Die Frage, ob mehrere gewerbliche Betätigungen bei einem Einzelunternehmer zu mehreren selbständigen Gewerbebetrieben führen, richtet sich nach der "sachlichen Selbständigkeit" der einzelnen Betätigungen[28]. So sind insbesondere die Gleichartigkeit oder Ungleichartigkeit der Betätigung von großer Bedeutung[29]. Je gleichartiger die Tätigkeiten sind, um so eher ist ein einheitlicher Gewerbebetrieb anzunehmen. Andererseits kann aber bei mehreren gewerblichen Betätigungen eines Einzelgewerbetreibenden – trotz wesentlicher Verschiedenheit der Unternehmensgegenstände – nur ein Gewerbebetrieb gegeben sein, wenn die Betätigungen finanziell, organisatorisch und vor allem wirtschaftlich zusammenhängen[30].

---

25 OFD Frankfurt vom 11.04.1997, StE 1998 S. 53

26 rkr. FG Hessen vom 06.11.2000, EFG 2001 S. 591 (Revision wurde zurückgenommen, BFH I R 5/01); rkr. FG Münster vom 16.03.2001, EFG 2001 S. 849

27 R 16 GewStR

28 BFH vom 19.11.1985, BStBl 1986 II S. 719

29 BFH vom 19.11.1985, aaO

30 BFH vom 12.01.1983, BStBl 1983 II S. 425; BFH vom 18.12.1996, BStBl 1997 II S. 573

2.3. Zusammenfassung von Betrieben gewerblicher Art in Kapitalgesellschaften

Betriebe gewerblicher Art, die in eine privatrechtliche Form gekleidet sind, werden nach den für diese geltenden Vorschriften besteuert[31]. Deswegen erkennt die Finanzverwaltung auch im Hinblick auf das BFH-Urteil vom 14.07.2004 die Zusammenfassung von Betrieben gewerblicher Art in Kapitalgesellschaften grundsätzlich an[32]. Dies gilt aber uneingeschränkt nur für gleichartige Betriebe und die Zusammenfassung von Gewinnbetrieben. Die Zusammenfassung von **Gewinn- und Verlustbetrieben** will die Finanzverwaltung weiterhin nicht anerkennen, wenn diese als Betrieb gewerblicher Art nach den oben dargestellten allgemeinen Grundsätzen nicht hätten zusammengefasst werden können[33]. Die bisher in den KStR 1995 enthaltene Auffassung findet sich in den KStR 2004 nicht mehr, dass es sich bei der Zusammenfassung nicht gleichartiger Betriebe gewerblicher Art um einen Missbrauch rechtlicher Gestaltungsmöglichkeiten gemäß § 42 AO handelt[34]. Nunmehr schließt sich die Finanzverwaltung ausdrücklich dem Hinweis des BFH an, dass im Betrieb eines Dauerverlustbetriebes eine verdeckte Gewinnausschüttung angenommen werden könnte. Ob tatsächlich eine verdeckte Gewinnausschüttung vorliegt, ist nach den Umständen des Einzelfalles zu beurteilen[35].

---

31 R 6 (7) KStR
32 R 7 (2) Satz 1 KStR
33 R 7 (2) Satz 2 KStR
34 R 5 (11a) KStR 1995
35 R 7 (2) Satz 3 KStR

3. Bisherige steuerliche Beurteilung

3.1. Finanzverwaltung

Die unterschiedlichen Arten der Zusammenfassung von Gewinnen und Verlusten im Rahmen des steuerlichen Querverbunds werden in Deutschland seit Jahrzehnten mit Billigung durch die Finanzverwaltung praktiziert. Dabei wurde mit BMF-Schreiben vom 15.06.1978[36] festgehalten, dass keine verdeckte Gewinnausschüttung der Gesellschaft (Verkehrsbetrieb) an ihren Gesellschafter (Gemeinde) vorliegt, auch wenn der Verkehrsbetrieb seiner Beförderungspflicht aufgrund von Tarifen nachkommt, die schon in ihrer Anlage nicht kostendeckend sind und damit zu Verlusten führen. Zusätzlich wurde darauf hingewiesen, dass die Behandlung der Übernahme des Verlustes durch die Gemeinde als Ertragszuschuss oder als gesellschaftsrechtliche Einlage nach den Verhältnissen des Einzelfalles zu beurteilen ist. Das heißt mit anderen Worten, dem Steuerpflichtigen steht es frei, den Verlustausgleich auf schuld- oder auf gesellschaftsrechtlicher Grundlage vorzunehmen.

Mit koordiniertem Ländererlass vom 10.04.1980 wurde vom Hessischen Minister der Finanzen im Einvernehmen mit dem Bundesministerium der Finanzen nochmals bestätigt, dass die bei einer Eigengesellschaft oder auch einem Eigenbetrieb entstehenden Dauerverluste nicht zu einer Vorteilsgewährung an die Trägerkörperschaft führen[37]. In dem Erlass wurde darauf hingewiesen,

36 Gz. IV B 7 – S 2742 -3/78; vgl. Dötsch/Eversberg/Jost/Pung/Witt, KStG nF § 4 Rz. 72 unter verdeckte Gewinnausschüttung

37 S-2742 A – 16 II B 31, Lexinform Nr. 54444

dass die von den Verkehrsbetrieben erhobenen Tarife oftmals nicht ausreichen, um die Pflichten nach dem Personenbeförderungsgesetz (Betriebs-, Fahrplan-, Beförderungs- und Tarifpflicht) kostendeckend erfüllen zu können.

Der Finanzminister des Landes Nordrhein-Westfalen nahm mit Erlass vom 11.03.1993 zum Vorliegen einer Betriebsaufspaltung bei Verpachtung von U-Bahnanlagen Stellung[38]. Dabei wurde festgehalten, dass der Verpachtungs-BgA wegen fehlender Gewinnerzielungsabsicht nicht gewerbesteuerpflichtig ist, wenn auf Dauer keine Kostendeckung erwartet werden kann. Die fehlende Kostendeckung ist regelmäßig anzunehmen, wenn das Betriebsunternehmen Dauerverluste erwirtschaftet und diese vom Besitzunternehmen durch Ertragszuschüsse (Betriebsausgaben) oder gesellschaftsrechtliche Einlagen (in Verbindung mit Teilwertabschreibungen auf die Beteiligung) übernommen werden.

Anlässlich der Bahnstrukturreform beschäftigte sich die Finanzministerkonferenz am 23.06.1994 wiederum mit der Problematik des kommunalen steuerlichen Querverbunds. Dabei kam man einstimmig zu dem Ergebnis, dass beim eigenwirtschaftlichen Verkehr die ertragsteuerlichen Wirkungen des Querverbundes auch bei Geltung der EG-Verordnung im Bereich des öffentlichen Personennahverkehrs bei allen Gestaltungen (direkter und indirekter Querverbund) erhalten bleiben. Dabei kann die Behandlung von Zahlungen an die Verkehrsunternehmen als Gesellschaftereinlagen fortgeführt werden[39].

---

38 FinMin NRW vom 11.03.1993, Lexinform Nr. 106760

39 vgl. Verfügung OFD Hannover vom 25.01.1995, Lexinform 124410 mit dem Hinweis, dass nach § 8 (4) Personenbeförderungsgesetz Verkehrsleistungen dann eigenwirtschaftlich sind, wenn deren Aufwand gedeckt wird durch Beförderungserlöse, Erträge aus gesetzlichen Ausgleichs- und Erstattungsregelungen im Tarif- und Fahrplanbereich sowie sonstige Unternehmenserträge im **handelsrechtlichen** Sinne.

Dieses Ergebnis wurde den Kommunalverbänden mit Schreiben vom 14.07.1994 durch den Parlamentarischen Staatssekretär beim Bundesminister der Finanzen, Herrn MdB Dr. Joachim Grünewald, mitgeteilt[40]. Danach haben die obersten Finanzbehörden des Bundes und der Länder entschieden, dass eine Gebietskörperschaft als Anteilseignerin einer Verkehrsgesellschaft den von dieser nach steuerrechtlichen Vorschriften ermittelten Verlust auch bei Geltung der EU-VO[41] auf gesellschaftsrechtlicher Basis wirtschaftlich durch (steuerneutrale) Einlagen ausgleichen kann. Insbesondere unter Berücksichtigung der verkehrsrechtlichen Auslegung der EU-VO bleiben die ertragsteuerlichen Wirkungen des Querverbundes – mit der Möglichkeit der Verlustverrechnung – im Bereich des ÖPNV bei allen Gestaltungen so lange erhalten, wie das Verkehrsunternehmen die Verkehrsleistungen eigenwirtschaftlich erbringt. Leistet die zuständige Behörde für gemeinwirtschaftlich erbrachte Verkehrsleistungen Ausgleichszahlungen nach der EU-VO, erhöhen diese als Betriebseinnahmen den Gewinn.

Dieses Ergebnis wurde nochmals von der OFD Hannover mit Verfügung vom 25.01.1995 bekräftigt[42].

Im Spätherbst letzten Jahres ist eine Arbeitsgruppe auf Bund/Länder-Ebene eingesetzt worden. Anlass ist u.a. ein Bericht des Bundesrechnungshofes vom 02.11.2004[43], der die Umsatzbesteuerung der öffentlichen Hand als korrekturbedürftig ansieht. Der

---

Letzteres sind neben Erträgen von Gewinnbetrieben im Querverbund auch geleistete Einlagen, die handelsrechtlich als Ertrag ausgewiesen werden. Steuerlich bleibt die Behandlung als Gesellschaftereinlage unverändert erhalten.

40 Veröffentlicht im VKU Nachrichtendienst 1994 S. 10; StE 1994 S. 107

41 VO (EWG) Nr. 1191/69 vom 26.06.1969 in der Fassung der VO (EWG) Nr. 1893/91 vom 20.06.1991 (kurz: EU-VO)

42 KStK § 4 KStG Karte A 8; Lexinform-Nr. 124410

43 http://www.bundesrechnungshof.de/veroeffentlichung/1024.html, Bericht kann als Pdf-Datei abgerufen werden

Bundesrechnungshof machte deshalb Vorschläge für eine EG-konforme Besteuerung juristischer Personen des öffentlichen Rechts. In diesem Zusammenhang soll die gesamte Besteuerung der öffentlichen Hand auf den Prüfstand gestellt werden. Das Ergebnis der Arbeitsgruppe bleibt abzuwarten.

3.2. Rechtsprechung

Die von der Finanzverwaltung seit langem anerkannten Grundsätze zur Zusammenfassung von Betrieben gewerblicher Art und damit der Verrechnung der Ergebnisse von Gewinn- und Verlustbetrieben mit steuerlicher Wirkung sind vom BFH in ständiger Rechtsprechung[44] mitgetragen und nochmals mit Urteil vom 04.09.2002[45] ausdrücklich bestätigt worden.

Mitte der 90er Jahre wurde von einzelnen Richtern die steuerliche Behandlung von dauerdefizitären kommunalen Unternehmen in Frage gestellt. So wollte ein dauerdefizitärer Verkehrsbetrieb eine Dauerüberzahlerbescheinigung nach § 44a (5) EStG erhalten, die von der Finanzverwaltung nicht erteilt worden ist. In einem Vorbescheid des BFH vom 11.06.1996[46], der nach Beantragung der mündlichen Verhandlung und anschließender Klagerücknahme als

44 GrS des BFH vom 16.01.1967, BStBl 1967 III S. 240; BFH vom 28.02.1956, BStBl 1956 III S. 133; BFH vom 08.11.1989, BStBl 1990 II S. 242; BFH vom 06.08.1962, BStBl 1962 III S. 450 mit dem Hinweis, dass Versorgungsbetriebe seit Jahrzehnten mit steuerlicher Wirkung zusammengefasst werden

45 BFH vom 04.09.2002, BFH/NV 2003 S. 511

46 Aktenzeichen I R 100/95; StE 1996 S. 144; den Vorbescheid muss man jedoch in dem Zusammenhang sehen, dass der BFH Anträge auf Dauerüberzahlerbescheinigungen rigoros abgeblockt hat. Als Dauerüberzahler wurden im wesentlichen nur Lebensversicherer und Rechteverwerter (z.B. GEMA) anerkannt.

nicht ergangen gilt[47], vertrat der BFH erstmalig die Meinung, dass der Verzicht des Betriebes gewerblicher Art auf vollen Ausgleich der Kostenunterdeckung im ÖPNV und einem angemessenen Gewinnaufschlag als verdeckte Gewinnausschüttung zu werten sein könnte.

Diese Grundposition konnte der BFH mit Urteil vom 29.03.2000[48] erstmals in einem veröffentlichten Urteil anklingen lassen. Im Urteilsfall wurde einer Abwasser-GmbH die Erteilung einer Dauerüberzahlerbescheinigung verwehrt, da die GmbH weiterhin öffentliche Aufgaben der Daseinsvorsorge wahrnehme und durch das geltende Kommunalabgabengesetz gewinnlos gestellt sei. Das Kostendeckungsprinzip des Kommunalabgabengesetzes ist zu beachten, weshalb auch steuerlich kein Gewinnzuschlag gefordert werden kann.

Mit Urteil vom 25.07.2002[49] hatte der BFH zwei ursprünglich dauerdefizitäre Betriebe gewerblicher Art (Musikschule und Volkshochschule) einer Gebietskörperschaft im jeweils ersten Gewinnjahr zu beurteilen. Die Wandlung der Betriebe gewerblicher Art von Verlustbetrieben zu Gewinnbetrieben war dadurch bedingt, dass die Trägerkörperschaft Aktien mit konstantem Ausschüttungsverhalten jeweils in dem notwendigen Umfang als gewillkürtes Betriebsvermögen eingelegt hat, so dass voraussichtlich auch zukünftig dauerhaft ein positiver Jahresüberschuss anfallen wird. Den indirekten Querverbund sah der BFH als unproblematisch an, insbesondere sei die Einlage der Aktien mit dem Ziel des steuerlichen Ergebnisausgleichs kein Gestaltungsmissbrauch. Der BFH merkte jedoch an, dass für die Vorjahre eigentlich hätte erörtert werden müssen, ob eine verdeckte Gewinnausschüttung vorgelegen haben könnte. Dies war aber nicht entscheidungserheblich, da die Verluste

47 § 90a (3) FGO

48 BStBl 2000 II S. 496

49 BFH/NV 2002 S. 1341

ab dem Streitjahr durch die Gewinnausschüttungen der eingelegten Aktien vollständig ausgeglichen worden sind.

Interessant ist, dass der BFH im Urteilsfall vom 04.09.2002[50], in dem die Verlustbetriebe Fernwärme und Industriegleisanlagen mit dem Gewinnbetrieb Theatergarage zu einem Betrieb gewerblicher Art zusammengefasst worden sind, den steuerlicher Querverbund insbesondere auch mit den Industriegleisanlagen anerkannt hat. Begründet wurde dies damit, dass der Querverbund auch ohne die Industriegleise bereits Verluste erzielte und sich daher durch die Einbindung eines weiteren Verlustbetriebes (Industriegleise) keine steuerlichen Auswirkungen ergeben. Ob sich wirklich keine steuerlichen Auswirkungen ergeben, sei dahingestellt, zumal die steuerlichen Verluste jährlich mit Bindungswirkung für die Zukunft gesondert festgestellt werden. Hervorzuheben ist an dem Urteil, dass der BFH mit keinem Wort auf eine denkbare verdeckte Gewinnausschüttung eingegangen ist.

Ergänzend sei auf das Urteil des Finanzgerichts Köln vom 23.06.2004[51] hingewiesen, in dem es um eine Immobilien-Verwaltungs-GmbH einer Gebietskörperschaft ging. Die GmbH war als Non-Profit-Gesellschaft ausgestaltet und hatte in einem Beauftragungsvertrag mit seinem Gesellschafter lediglich Kostenersatz vereinbart, so dass als Jahresergebnis immer 0,00 DM ausgewiesen worden sind. In dem fehlenden Gewinnaufschlag sah das Finanzgericht eine verdeckte Gewinnausschüttung. Auch hier hat der BFH noch Gelegenheit, sich mit der Thematik auseinanderzusetzen.

---

50 BFH/NV 2003 S. 511

51 EFG 2004 S. 1715; Nichtzulassungsbeschwerde eingelegt (BFH V B 194/04, I B 145/04)

In einem weiteren rechtskräftigen Urteil vom 24.03.2004[52] kam das Finanzgericht Köln zu dem Ergebnis, dass die satzungsmäßige Gewinnlosigkeit einer Kapitalgesellschaft, die von einer öffentlich-rechtlichen Körperschaft zur Erfüllung öffentlicher Aufgaben gegründet worden ist und spezialgesetzlichen Beschränkungen unterliegt, nicht zur Annahme einer verdeckten Gewinnausschüttung führt. Für den Betrieb der Gesellschaft wurde ein eigenes Spezialgesetz erlassen, das eine modifizierte Kostendeckung vorsah, in der auch keine kalkulatorischen Kosten weiterberechnet werden durften und damit ein Gewinn bei der Gesellschaft definitiv ausgeschlossen wurde.

Mit dem in der Einleitung erwähnten Urteil vom 14.07.2004[53] hat der BFH erneut die Gelegenheit zu prüfen, ob bei strukturellen Dauerverlustbetrieben eine verdeckte Gewinnausschüttung vorliegen könnte.

Diese Rechtsfrage will der BFH bereits vorweg im Revisionsverfahren gegen das Urteil des FG Düsseldorf vom 10.07.2003[54] prüfen, wo es im Streitfall eigentlich um die Frage der Gewinnerzielungsabsicht und damit um die Gewerbesteuerpflicht eines Betriebes gewerblicher Art gegangen ist. Mit Beschluss vom 25.01.2005 hat der BFH nunmehr das BMF aufgefordert, dem Verfahren beizutreten[55].

52 EFG 2004 S. 1156, rechtskräftig durch Rücknahme der Revision (AZ des BFH I R 41/04)

53 BFH/NV 2004 S. 1689

54 EFG 2003 S. 1408

55 BFH-Beschluss vom 25.01.2005, DB 2005 S. 1089

3.3. Fachliteratur

Die Grundsätze zur Zusammenfassung der Betriebe gewerblicher Art werden auch in der Fachliteratur allgemein anerkannt[56]. Die Auseinandersetzung mit den neuen Überlegungen des BFH zur Annahme einer verdeckten Gewinnausschüttung bei strukturell dauerdefizitären Betrieben beginnt erst. Überwiegend wird dabei die Annahme einer verdeckten Gewinnausschüttung abgelehnt[57]. Danach führen Dauerverluste zu keinem wirtschaftlichen Vorteil bei der Trägerkommune, da die Verluste betrieblich veranlasst seien und ein möglicher Vorteil den Bürgern – die Bürger einer Gemeinde können aber nicht als nahe stehende Personen des BgA betrachtet werden[58] – und nicht der Trägerkörperschaft zugute komme. Wenn der Gesetzgeber dauerdefizitäre Betriebe gewerblicher Art in die Steuerpflicht nimmt, muss in der Rechtsanwendung der BgA auch so genommen werden, wie er ist[59]. Die Annahme einer vGA würde zudem zu einem nicht auflösbaren Wertungswiderspruch zu § 4 (1) Satz 2 KStG führen[60]. Auch dürfe alleine aus Dauerverlusten nicht pauschal auf eine vGA geschlossen werden[61]. Es sei jede pauschale Vermutung für die Annahme einer privaten Veranlassung unzulässig[62]. Es wird auch darauf hingewiesen, dass durch eine steuerrechtliche vGA nicht bestraft werden dürfe, was das Gesellschafts-

---

56 vgl. Dötsch/Eversberg/Jost/Pung/Witt, § 8 (3) KStG nF Rz. 32f; Blümich/Erhard, § 4 KStG Rz. 51ff

57 zuletzt Kohlhepp, DB 2005 S. 1705; Storg, BB 2005 S. 1993

58 Storg/Vierbach, BB 2003 S. 2098

59 Wallenhorst, DStZ 2004 S. 714 mit Hinweis auf Knobbe-Keuk, StuW 1983 S. 227; Hölzer, DB 2003 S. 2090; so auch FG Düsseldorf vom 10.07.2003, EFG 2003 S. 1408 (BFH I R 08/04)

60 Hölzer, DB 2003 S. 2090; Storg, BB 2005 S. 1993

61 Bott, in: Ernst&Young, § 4 KStG Rz. 317 mit Verweis auf Pott, StuW 1979 S. 321 (327)

62 Ellerich/Schulte, DB 2005 S. 1138

recht für Non-Profit-Zwecke zulässt[63]. Auch existieren zwischen Trägerkörperschaft und Gesellschaft bzw. Betrieb gewerblicher Art keine Leistungsbeziehungen aus der Erfüllung der spezifischen öffentlichen Aufgabe der Trägerkörperschaft. Die Gesellschaft/der BgA sind lediglich das steuerliche Kleid der Trägerkörperschaft[64]. Schließlich wird angeführt, dass der vorgegebene Gesellschaftszweck auch das Verhalten eines ordentlichen und gewissenhaften Geschäftsleiters prägt[65]. Für das Handeln des Gesellschafters sind die besonderen Umstände von Non-Profit-Gesellschaften (gemeinnützige Gesellschaften, Stiftungen, Betriebe gewerblicher Art von juristischen Personen des öffentlichen Rechts) zu berücksichtigen; die Grundsätze der gewinnorientierten Privatwirtschaft sind nicht auf die speziellen Aufgaben der Betriebe gewerblicher Art übertragbar[66]. Bei einem BgA könne daher eine „Liebhaberei" nicht bei fehlender Gewinnerzielungsabsicht, sondern nur bei fehlender Einnahmeerzielungsabsicht angenommen werden[67]. Ein als zweckgerichtete Einkommensverlagerung zugunsten des Gesellschafters zu qualifizierender Gewinnverzicht liegt nicht vor; die Verluste sind vielmehr durch die spezifische kommunale Funktion der Non-Profit-Betriebe selbst ausgelöst und nicht Folge von im Gesellschafterinteresse liegenden Gewinntransfers. Die Ergebnissituation

---

63 Prinz, StBJb. 1997/98 S. 97 (107)

64 Dötsch/Eversberg/Jost/Pung/Witt, § 8 (3) KStG nF Rz. 72; Storg/Vierbach, BB 2003 S. 2098

65 Prinz, StBJb. 1997/98 S. 97 (107); Döllerer, Der Betrieb 1993 Beilage 11/93 S. 10

66 Ellerich/Schulte, DB 2005 S. 1138; Wallenhorst, DStZ 2004 S. 711

67 Neumann, vGA und verdeckte Einlagen, S. 139. Anders soll es lt. Neumann bei Eigengesellschaften sein. Da sei dann wieder auf die Gewinnerzielungsabsicht abzustellen.

sei marktbedingt[68] und halte damit einem Fremdvergleich statt[69]. Der kommunale steuerliche Querverbund mit dauerdefizitären Betrieben gewerblicher Art müsse deshalb so lange hingenommen werden, bis der Gesetzgeber die Gewinnabsicht auch in diesem Bereich als Kriterium vorsehe[70].

Befürworter einer verdeckten Gewinnausschüttung bei Dauerverlustbetrieben sind bisher in der Fachliteratur kaum auszumachen. Nach Gosch[71] hat die Gesellschaft auf einen Verlustausgleich zu drängen und einen angemessenen Gewinnaufschlag zu fordern, schließlich erbringe sie Leistungen, die der Trägerkörperschaft obliegen. Ein beauftragtes Drittunternehmen würde wohl nicht „offenen Auges“ Dauerverluste in defizitträchtigen Geschäftbereichen seines Gesellschafters machen. Der materielle Vorteil der Trägerkörperschaft liege in dem gegenüber dem Fremdverhalten ersparten Aufwand, den sie andernfalls infolge ihrer Verpflichtung zur Daseinsvorsorge gehabt hätte. Die Verpflichtung der Trägerkörperschaft sei hinreichend konkretisiert, um sie als „eigene“ Aufgabe im Rechtssinne zu qualifizieren. Nimmt die Gesellschaft Aufgaben der Trägerkörperschaft wahr, dürfte sie auch an den Anforderungen des Geschäftsverkehrs zu messen sein. Lediglich ein Gewinnzuschlag müsse von der Gesellschaft dann nicht geltend gemacht werden, wenn die öffentlich-rechtliche Regelungslage das Kostendeckungsprinzip vorschreibe.

Streck hält eine verdeckte Gewinnausschüttung dann für möglich, wenn eine Gesellschaft konkret bestimmbare Aufwendungen

68 Mohl, Kommunale Steuer-Zeitschrift 2000 S. 144; Hölzer, DB 2004 S. 2090; Storg/Vierbach, BB 2003 S. 2098

69 Prinz, StBJb. 1997/98 S. 97 (107)

70 Wallenhorst, DStZ 2004 S. 711

71 Gosch, StBp 2004 S. 375

für den Anteilseigner übernimmt, ohne hierfür ein angemessenes Entgelt zu erzielen[72].

Bei Darstellung der Rechtsfrage und dem Hinweis auf das Vorliegen einer verdeckten Gewinnausschüttung wird ansonsten regelmäßig ohne weitere Diskussion die Ausübung der verlustbringenden Tätigkeit als im privaten Interesse des Gesellschafters vorausgesetzt[73]. Dabei wird regelmäßig auf Grundsätze von Urteilen wie BFH vom 04.12.1996[74] oder BFH vom 10.07.1996[75] verwiesen, die aber Sachverhalte mit schuldrechtlichen Leistungsvereinbarungen betreffen (zur Verfügungungstellung von Hebedaten ohne angemessenes Entgelt) bzw. die private Veranlassung durch den Erwerb einer vornehmlich von den Gesellschaftern genutzten Segeljacht offensichtlich ist, jedoch mit den kommunalen Tätigkeiten nicht vergleichbar sind[76].

---

72 Streck, KStG 6. Auflage, § 4 Rz. 16

73 Wochinger, in: Dötsch/Eversberg/Jost/Pung/Witt, § 8 (3) KStG nF Rz. 30

74 GmbH pachtete von einer KG einen Handelsbetrieb einschließlich einer verlustbringenden Segeljacht

75 Wasserwerk als BgA gibt Hebedaten an hoheitlichen Abwasserbetrieb weiter ohne einen angemessenen Preis zu verlangen

76 vgl. z.B. Wochinger, in: Dötsch/Eversberg/Jost/Pung/Witt, § 8 (3) KStG nF Rz. 32f;

4. Dauerverlustbetriebe in einer Kapitalgesellschaft

4.1. Kapitalgesellschaft hat keine außerbetriebliche Sphäre

Nach ständiger Rechtsprechung, verfügen Kapitalgesellschaften steuerlich gesehen über keine außerbetriebliche Sphäre[77]. Aufgrund dessen gehören zunächst alle in der GmbH ausgeübten Tätigkeiten zum betrieblichen Bereich. Nach § 8 (2) KStG sind bei Steuerpflichtigen, die nach den Vorschriften des Handelsgesetzbuches zur Führung von Büchern verpflichtet sind, alle Einkünfte solche aus Gewerbebetrieb. Alle getätigten Aufwendungen und Erträge stellen deshalb Betriebsausgaben bzw. -einnahmen dar[78]. Im Gegensatz zu natürlichen Personen (Einzelunternehmer)[79], rechtsfähigen Vereinen (z.B. Sportvereine)[80] und Betrieben gewerblicher Art unterhalten Personengesellschaften und Kapitalgesellschaften nicht mehrere, sondern nur **einen** gewerblichen Betrieb[81].

Die Rechtssprechung zur Verknüpfung von betrieblichen Aktivitäten mit mehreren unterscheidbaren Tätigkeiten stellt also zunächst darauf ab, dass ein Unternehmen einen Betrieb hat. In einem nachfolgenden Schritt ist eine Segmentierung in unterschiedliche Tätigkeiten steuerlich allerdings dann geboten, wenn **außersteuerliche Aktivitäten** mit betriebliche Einheiten verknüpft werden.

---

77 BFH vom 17.11.2004, BFH/NV 2005 S. 793; BFH vom 31.03.2004, BFH/NV 2004 S. 1482; BFH vom 08.08.2001, BStBl 2003 II S. 487

78 08.07.1998, BFH/NV 1999 S. 269; BFH vom 04.12.1996, Lexinform 141050

79 BFH vom 09.08.1989, BStBl 1989 II S. 901

80 BFH vom 19.11.2003, BFH/NV 2004 S. 445

81 BFH vom 10.02.1989, BStBl 1989 II S. 467

4.2. Segmentierung einer Gesamttätigkeit zulässig

4.2.1. Personengesellschaft

Der BFH erachtete es für zulässig und geboten, Tätigkeiten einer Personengesellschaft, die ohne Gewinnerzielungsabsicht verfolgt und mithin nicht betrieblich veranlasst sind, steuerrechtlich auch nicht in die Gewinnermittlung der Personengesellschaft einzubeziehen. Handelt es sich um **selbständige Tätigkeitsbereiche**, die nicht lediglich im Verhältnis bloßer Hilfs- oder Nebentätigkeiten zu einer dem Gewerbebetrieb dienenden Haupttätigkeit stehen, ist ihre jeweilige betriebliche Veranlassung gesondert zu untersuchen. Abzugrenzen ist nach dem Förderungs- und Sachzusammenhang, in dem die jeweiligen Einzeltätigkeiten zu der betrieblichen Haupttätigkeit oder der privat veranlassten Tätigkeit stehen. Zugleich schließt es der Förderungs- und Sachzusammenhang aus, durch eine weitreichende Segmentierung etwa eine Vielzahl isoliert betrachtet verlustbringender Tätigkeiten aus dem einkünfterelevanten Bereich auszuscheiden[82].

Die Segmentierung und damit Ausgrenzung einer nicht betrieblich veranlassten Tätigkeit begrenzt sich nicht nur auf **besonders unterscheidungskräftige Sachverhalte** wie die Unterhaltung eines Gestüts oder einer Tierzucht, ebensowenig wie sonst steuerrechtliche Liebhaberei eine der Freizeit oder Erholung dienende Betätigung voraussetzt[83]. Es reicht aus, wenn die Tätigkeit gegenüber der übrigen gewerblichen Tätigkeit **deutlich abgrenzbar** ist. Es muss sich auch um eine eigenständige Tätigkeit handeln. Eine Segmentierung ist daher nicht zulässig, wenn die eine Tätigkeit die andere bedingt und die Tätigkeiten lediglich im Verhältnis bloßer Hilfs- oder Nebentätigkeiten zu einer dem Unternehmen dienenden

82 BFH vom 25.06.1996, BStBl-1997II S. 202
83 BFH vom 25.06.1996, BStBl 1997 II S. 202

Haupttätigkeit stehen. Die isolierbare Tätigkeit, die **ohne Gewinnerzielungsabsicht** betrieben wird, gilt dann regelmäßig als nicht betrieblich und somit privat veranlasst, falls zusätzlich private Motive vorliegen.

4.2.2. Kapitalgesellschaft

Die Annahme eines einheitlichen Betriebes schließt aber auch bei einer Kapitalgesellschaft nicht aus, dass anfallende Verluste als durch das Gesellschaftsverhältnis veranlasst anzusehen sind. Es ist deshalb im Einzelfall zu prüfen, ob eine verdeckte Gewinnausschüttung vorliegt. Davon ist aber regelmäßig nicht auszugehen, wenn die Kapitalgesellschaft sich entschließt, ein Geschäft zu tätigen, das die Gefahr auch erheblicher Verluste in sich birgt. Es unterliegt der unternehmerischen und kaufmännischen Freiheit, derartige Risiken in Kauf zu nehmen. Anders kann es sich allerdings verhalten, wenn die Gesellschaft nicht aus eigenem Gewinnstreben, sondern nur zur **Befriedigung privater Interessen** der Gesellschafter handelt[84].

Lässt sich eine gesellschaftliche (Mit-)Veranlassung der getätigten Investition und der im Zusammenhang damit in Kauf genommenen Verluste hiernach nicht nachweisen, scheidet die Annahme einer verdeckte Gewinnausschüttung regelmäßig schon deswegen aus, weil die verlustbedingte Minderung des Unterschiedsbetrages gemäß § 4 Abs. 1 Satz 1 EStG (i.V.m. § 8 (1) KStG) nicht geeignet ist, beim Gesellschafter einen sonstigen Bezug i.S. des § 20 Abs. 1 Nr. 1 Satz 2 EStG auszulösen[85].

---

84 BFH vom 15.05.2002, BFH/NV 2002 S. 1538

85 BFH vom 17.11.2004, BFH/NV 2005 S. 793; BFH vom 07.08.2002, BStBl II 2004 S. 131

Ob das Handeln der Gesellschaft im vorstehend beschriebenen Sinne im eigenen oder im Interesse der Gesellschafter erfolgt, ist grundsätzlich nach denjenigen Regeln zu beurteilen, die bei natürlichen Personen und Personengesellschaften für die Abgrenzung der auf Einkunftserzielung gerichteten Tätigkeit von der steuerlich unbeachtlichen "Liebhaberei" gelten[86]. Ein solcher Gleichlauf der Kriterien ist zum einen sachlich gerechtfertigt, weil es in beiden Bereichen darum geht, **eine Verlagerung privat veranlasster Aufwendungen in die steuerlich erhebliche Sphäre** zu verhindern. Zum anderen dient es der wünschenswerten Rechtsformneutralität der Besteuerung, in diesem Punkt bei Kapitalgesellschaften dieselben Maßstäbe anzulegen wie bei sonstigen Unternehmern[87].

4.3. „Liebhaberei“

Als Liebhaberei wird eine ertragsteuerrechtlich irrelevante Betätigung bezeichnet, die ohne Gewinnerzielungsabsicht betrieben wird. Gewinnerzielungsabsicht ist das Streben nach Betriebsvermögensmehrungen in Gestalt eines Totalgewinns. Dabei ist unter dem Begriff Totalgewinn das positive Gesamtergebnis des Betriebs von der Gründung bis zur Veräußerung, Aufgabe oder Liquidation zu verstehen. Der für die Prüfung der Gewinnerzielungsabsicht maßgebliche erzielbare Totalgewinn setzt sich aus den in der Vergangenheit erzielten und künftig zu erwartenden laufenden Gewinnen/Verlusten und dem sich bei Betriebsbeendigung voraussichtlich ergebenden Veräußerungs- bzw. Aufgabegewinn/-verlust (§§ 14, 16, 18 Abs. 3 EStG) zusammen. Kann nicht davon ausgegangen werden, dass der Betrieb veräußert wird, so ist der Schät-

86 BFH vom 17.11.2004, BFH/NV 2005 S. 793; BFH vom 04.12.1996, Lexinform 141050; BFH vom 15.05.2002, BFH/NV 2002 S. 1538

87 BFH vom 15.05.2002, BFH/NV 2002 S. 1538

zung des Totalgewinns ein (fiktiver) Aufgabegewinn/-verlust gem. § 16 Abs. 3 EStG zugrunde zu legen.

Wird eine Tätigkeit als Liebhaberei angesehen, so ist sie grundsätzlich steuerlich ohne Bedeutung. Die Folge ist, dass die Aufwendungen oder Verluste das Einkommen nicht mindern dürfen.

Beweisanzeichen (Indizien) für die fehlende Gewinnerzielungsabsicht können folgende Feststellungen sein:

- der Stpfl. hat den Gewerbetrieb trotz der anhaltenden Verluste in stets gleicher Form weiterbetrieben;
- der Stpfl. hat keine innerbetrieblichen Strukturmaßnahmen zur Erzielung positiver Ergebnisse ergriffen;
- der Stpfl. hat auch nicht dargetan, dass er aussichtsreiche Anstrengungen zu einer Steigerung des Umsatzes unternommen hat;
- dem Stpfl. stehen hohe andere Einkünfte zur Verfügung, die für den Ausgleich entstandener Verluste herangezogen werden können[88].
- Die verlustbringende Tätigkeit wird nebenberuflich ausgeübt[89].

Dauernde Verluste sind nach ständiger Rechtsprechung aber **nur ein Indiz** gegen eine Einkunftserzielungsabsicht. Daraus auf eine steuerrechtlich unbeachtliche Liebhaberei zu schließen, ist aber nur gerechtfertigt, wenn **aus weiteren Beweisanzeichen** die Feststellung möglich ist, dass der Steuerpflichtige die verlustbringende Tätigkeit nur aus im Bereich seiner Lebensführung liegenden persönlichen Gründen oder Neigungen ausübt[90].

Demnach ist bei der Prüfung der Liebhaberei zwingend eine **zweigliedrige Prüfung** vorzunehmen[91]:

---

88 BFH vom 14.12.2004, BFH/NV 2005 S. 764,DB 2005 S. 808

89 Schmidt, § 15 EStG Rz. 32

90 BFH vom 14.12.2004, BFH/NV 2005 S. 764, DB 2005 S. 808

91 Schmidt, § 15 EStG Rz. 28

- Zunächst objektive Feststellung, dass ein Dauerverlustbetrieb vorliegt und der Betrieb auch zukünftig aus objektiven Gründen nicht zur Erzielung von Gewinnen geeignet erscheint[92].
- Anschließend ist zu prüfen, ob der **subjektive Liebhabereibegriff** erfüllt ist. D.h., die verlustbringende Tätigkeit wird nur aus im Bereich seiner Lebensführung liegenden persönlichen Gründen oder Neigungen ausgeübt[93].

Der subjektive Liebhabereibegriff ist eine innere Tatsache, die – wie alle sich in der Vorstellung von Menschen abspielenden Vorgänge – nur anhand äußerer Merkmale beurteilt werden kann. Aus objektiven Umständen muss auf das Vorliegen oder das Fehlen zur Gewinnerzielungsabsicht geschlossen werden, wobei einzelne Umstände einen Anscheinsbeweis liefern können[94].

Der subjektive Liebhabereibegriff ist als erfüllt anzusehen, wenn die verlustbringende Tätigkeit **typischerweise** dazu bestimmt und geeignet ist, der Befriedigung persönlicher Neigungen oder der Erlangung wirtschaftlicher Vorteile außerhalb der Einkunftssphäre zu dienen[95].

Wird die Tätigkeit **hauptberuflich** ausgeübt, spricht der Anscheinsbeweis zunächst für eine betriebliche Veranlassung. Die private Motivation muss dann entsprechend deutlich hervortreten. Aus den äußeren Umständen muss sich die ernsthafte Möglichkeit ergeben, dass im konkreten Einzelfall nicht das Streben nach einem Totalgewinn, sondern persönliche Motive des Stpfl. für die Fortführung des Unternehmens bestimmend waren. Kennzeichnend ist dann, dass **ohne plausible Gründe** auf Anstrengungen verzichtet

---

92 BFH vom 22.04.1998, BStBl 1998 II S. 663

93 GrS vom 25.06.1984, BStBl 1984 II S. 751 unter C. IV. 3 c) bb) (1)

94 GrS vom 25.06.1984, BStBl 1984 II S. 751; jüngst wieder BFH vom 14.12.2004, BFH/NV 2005 S. 764

95 BFH vom 15.05.2002, BFH/NV 2002 S. 1538

wird, die zu einer nachhaltigen Struktur- und Ergebnisverbesserung führen können[96].

4.4. „Liebhaberei" als verdeckte Gewinnausschüttung bei Kapitalgesellschaften

Wird die gesamte Tätigkeit oder werden einzelne selbständige Tätigkeitsbereiche des Betriebs einer Kapitalgesellschaft **im privaten Interesse** eines oder mehrerer Gesellschafter ausgeübt und entstehen ihr aus diesem Anlass Verluste, ohne dass sich der oder die Gesellschafter zu einem Verlustausgleich verpflichtet hat, so sieht der BFH in dem Verzicht auf die Vereinbarung eines Aufwendungsersatzes eine verdeckte Gewinnausschüttung[97]. Das Fehlen einer Gewinnerzielungsabsicht wird unterstellt, wenn nach den äußeren Umständen im konkreten Einzelfall nicht das Streben nach einem Totalgewinn, sondern persönliche Beweggründe des Steuerpflichtigen für die Fortführung des verlustbringenden Unternehmens bestimmend waren[98]. Ob eine verdeckte Gewinnausschüttung vorliegt, ist grundsätzlich nach denjenigen Regeln zu beurteilen, die bei natürlichen Personen und Personengesellschaften für die Abgrenzung der auf Einkunftserzielung gerichteten Tätigkeit von der steuerlich unbeachtlichen "Liebhaberei" gelten[99].

---

96 Vgl. BFH vom 14.12.2004, BFH/NV 2005 S. 764 unter 3a) – c)

97 BFH vom 08.07.1998, BFH/NV 1999 S. 269; BFH vom 04.12.1996, Lexinform 141050

98 BFH vom 14.12.2004, BFH/NV 2005 S. 764, DB 2005 S. 808

99 BFH vom 17.11.2004, BFH/NV 2005 S. 793; BFH vom 04.12.1996, Lexinform 141050; BFH vom 15.05.2002, BFH/NV 2002 S. 1538

4.5. Persönliche Gründe, Befriedigung privater Interessen

Persönliche Gründe sind dabei **alle einkommensteuerrechtlich unbeachtlichen Motive**. Hierzu zählt auch die bloße Absicht, Steuern zu sparen[100]. Die aus einem Verlustausgleich resultierende Steuerersparnis für sich genommen ist im Regelfall aber noch kein für das Fehlen der Gewinnerzielungsabsicht sprechender Umstand[101].

Der BFH hat bisher eine Befriedigung privater Interessen und damit eine gesellschaftsrechtliche bzw. private Veranlassung dann angenommen, wenn

- eine GmbH ein Einfamilienhauses erworben, dieses mit hohem Kostenaufwand renoviert und das Einfamilienhauses zu rd. 2/3 (zu rd. 1/3 wurde das Haus als Büro- und Konferenzraum von der GmbH zu eigenbetrieblichen Zwecken genutzt) nicht kostendeckend zu privaten Wohnzwecken des Gesellschafter-Geschäftsführers vermietet hat[102],
- eine GmbH eine nur unwesentlich betrieblich genutzte Segeljacht nicht kostendeckend betrieben hat[103],
- die GmbH Devisentermingeschäfte tätigt, soweit es das verlustträchtige Eigengeschäft des Gesellschafters betroffen hat[104],
- wenn die GmbH sich verpflichtet, Spekulationsverluste zu tragen, Spekulationsgewinne aber dem Gesellschafter zu belassen, oder wenn sich die GmbH erst zu einem Zeitpunkt zur Übernahme der in Rede stehenden Geschäfte entschließt, in dem sich die dauerhafte Verlustsituation bereits konkret abzeichnet[105];

---

100 GrS vom 25.06.1984, BStBl 1984 II S. 751 unter C. IV. Nr. 4

101 BFH vom 26.03.1996 BStBl 1996 II S. 443

102 BFH vom 17.11.2004, BFH/NV 2005 S. 793

103 BFH vom 04.12.1996, Lexinform 141050

104 BFH vom 08.07.1998, BFH/NV 1999 S. 269

105 BFH vom 08.08.2001, BStBl 2003 II S. 487; das Urteil ist jedoch gemäß BMF vom 20.05.2003, BStBl 2003 I S. 333 über den entschiedenen Einzel-

- wenn eine GmbH Wertpapiergeschäfte mit ihrem beherrschenden Gesellschafter tätigt und der Kaufpreis durch Kursbeeinflussung zugunsten der Gesellschafter bestimmt ist[106],
- wenn eine Gesellschaft ihren Unternehmensgegenstand um die Vermietung von Fluggerät (Hubschrauber) erweitert und hieraus fortlaufend Verluste erzielt[107],
- wenn eine Gesellschaft "reine" Glücksspiele, wie etwa Lotto, Toto oder Roulette, als Spieler wahrnimmt[108],
- wenn die GmbH neben dem eigentlichen Geschäftsbetrieb ein Gestüt betreibt[109]
- oder wenn eine gewerblicher Tierzucht oder gewerbliche Tierhaltung betrieben wird[110].

Alle diese Sachverhalten haben neben den Dauerverlusten und der ausgeprägten Nähe der Tätigkeiten zur privaten Lebensführung (Wohnen, Spielen, Spekulation, Segeljachten, Tierzucht, Hubschrauber) gemeinsam, dass die Aufwendungen für die einzelnen Tätigkeiten steuerlich irrelevant wären, wenn sie nicht in eine Kapitalgesellschaft transferiert worden wären. Eine steuerliche Berücksichtigung dieser Aufwendungen wäre ohne die Verlagerung in eine Kapitalgesellschaft durch § 12 Nr. 1 EStG ausgeschlossen. In allen Fällen wurde durch zweckgerichtete Maßnahmen versucht,

---

fall hinaus nicht anzuwenden, da wegen in einzelnen Jahren erzielten und versteuerten Gewinnüberschüssen eine private Veranlassung vom BFH verneint worden ist.

106 BFH vom 31.03.2004, BFH/NV 2004 S. 1482

107 BFH vom 25.06.1996, BStBl-1997 II 202

108 vgl. z. B. BFH vom 16.09.1970, BStBl 1970 II S. 865; BFH vom 03.10.1989, BStBl 1990 II S. 319

109 BFH vom 04.03.1970, BStBl 1970 II S. 470; BFH vom 02.11.1965, BStBl 1966 III S. 255

110 vgl. Hinweis in BFH vom 25.06.1996, BStBl 1997 II S. 202; die Segmentierung ist in § 15 (4) EStG angeordnet.

eine Verlagerung privat veranlasster Aufwendungen in die steuerrelevante Sphäre zu erreichen.

Ein weiteres markantes Merkmal der privat veranlassten Tätigkeiten ist, dass die natürliche Person als Gesellschafter vollkommen frei in seiner Entscheidung ist, ob er eine Segeljacht, ein Gestüt etc. betreiben will oder nicht. Die natürliche Person wird zur Ausübung der Tätigkeit weder durch eine gesetzliche Vorgabe noch durch den Beschluss eines kommunalen Organs verpflichtet.

5. Übertragung obiger Grundsätze auf kommunale Verlustbetriebe in einer Kapitalgesellschaft

Kommunale Tätigkeiten, die bei Durchführung unmittelbar durch die Trägerkörperschaft bei ihr zu einem Betrieb gewerblicher Art führen, werden von jeher auch durch kommunale Eigengesellschaften in der Rechtsform einer Kapitalgesellschaft durchgeführt. Die **Rechtsformwahl** ist kommunalrechtlich zulässig und auch steuerlich unbestritten[111]. Die GmbH gilt sogar als die bevorzugte Unternehmensform der öffentlichen Hand[112]. Hier gilt auch der Rechtsgrundsatz, dass jeder Steuerpflichtige in seiner Disposition im Rahmen der gesetzlichen Vorgaben frei ist, seine wirtschaftlichen Aktivitäten so zu organisieren, wie er es für richtig hält. Dies gilt uneingeschränkt auch für die öffentliche Hand, wie dies bereits vom BFH im Jahr 1955 unter Hinweis auf die Rechtsprechung des Reichsfinanzhofs bestätigt worden ist[113].

Dient die gewählte Gestaltung **wirtschaftlichen Zwecken** – was bei der Bestimmung der Organisationsform für Tätigkeiten, die zu einem Betrieb gewerblicher Art führen, immer der Fall ist –, darf das Verhalten der Beteiligten weder von der Finanzverwaltung noch von den Gerichten auf seine Angemessenheit beurteilt werden[114]. Insoweit ist die Entscheidung einer juristischen Person des öffentlichen Rechts, bestimmte wirtschaftliche Tätigkeiten nicht

---

111 Felder in Dötsch/Eversberg/Jost/Pung/Witt, § 4 KStG nF Rz. 59f

112 Raiser, in: Recht der Kapitalgesellschaften, 2. Auflage, § 25 Rz. 14

113 BFH vom 14.07.2004, BFH/NV 2004 S. 1689; BFH vom 10.05.1955, BStBl 1955 III S. 210

114 BFH vom 14.07.2004, BFH/NV 2004 S. 1689; BFH vom 30.11.1989, BFH/NV 1991 S. 432; BFH vom 16.01.1992, BStBl 1992 II S. 541

selber, sondern im Rahmen einer Kapitalgesellschaft auszuüben, als Organisationsakt keiner steuerlichen Überprüfung zugänglich.

Die **zivilrechtliche Dispositionsfreiheit** hat im Steuerrecht erst dort ihre Grenzen, wo ein Missbrauch rechtlicher Gestaltungsmöglichkeiten im Sinne des § 42 AO vorliegt[115]. So hat die Finanzverwaltung bisher in R 5 (11a) KStR 1995 festgelegt, dass die Zusammenfassung verschiedenartiger Tätigkeiten in einer Kapitalgesellschaft dann einen Gestaltungsmissbrauch darstellt, wenn eine Zusammenfassung im Rahmen der Besteuerung Betriebe gewerblicher Art nicht möglich gewesen wäre.

5.1. Unterschiedliche Besteuerungssystematik

Der Gestaltungsmissbrauch wurde letztendlich bisher daraus abgeleitet, dass die Besteuerungssystematik der öffentlichen Hand und der Kapitalgesellschaften unterschiedlich erfolgt mit zum Teil gravierenden Unterschieden im Steueraufkommen.

- Entscheidet sich eine Kommune, ihre wirtschaftliche Betätigung im Rahmen von Betrieben gewerblicher Art auszuführen, unterliegt sie der Besteuerungssystematik nach § 1 (1) Nr. 6 i.V.m. § 4 KStG. Grundsätzlich ist dann jeder einzelne Betrieb ein Steuerobjekt.
- Fällt die Entscheidung auf die Rechtsform der Kapitalgesellschaft, gelten die allgemeinen Grundsätze[116]. Die Anwendung allgemeiner Grundsätze bedeutet vor allem, dass nur ein Unternehmen Steuerobjekt ist und die Restriktionen der Besteuerung der Betriebe gewerblicher Art nicht anwendbar sind, insbesonde-

115 Felder in Dötsch/Eversberg/Jost/Pung/Witt § 4 KStG nF Rz. 60

116 R 6 (7) KStR; Bott in Ernst & Young, § 4 KStG Rz. 5

re finden die Zusammenfassungsgrundsätze bei Kapitalgesellschaften keine Anwendung[117].

Die unterschiedliche Besteuerung ist jedoch lediglich ein Reflex der gewählten Organisationsform und der vom Gesetzgeber vorgegebenen Besteuerungsgrundsätze. Das Steuerrecht gewährleistet keine Rechtsformneutralität der Besteuerung. Der Steuerpflichtige muss die Besteuerungsgrundsätze für seine gewählte Organisationsform so hinnehmen, wie es vom Gesetzgeber vorgegeben wird[118]. Dafür hat er seine freie Dispositionsbefugnis, er kann sich unter Abwägung der einzelnen Rechtsfolgen für die aus seiner Sicht beste Lösung entscheiden.

5.2. Missbrauch rechtlicher Gestaltungsmöglichkeiten, § 42 AO

Ein Gestaltungsmissbrauch im Sinne des § 42 AO ist nach ständiger Rechtsprechung gegeben, wenn eine rechtliche Gestaltung gewählt wird, die gemessen an dem erstrebten Ziel unangemessen ist, der Steuerminderung dienen soll und durch wirtschaftliche oder sonst beachtliche nichtsteuerliche Gründe nicht zu rechtfertigen ist. Eine rechtliche Gestaltung ist unangemessen, wenn verständige Parteien in Anbetracht des wirtschaftlichen Sachverhalts und der wirtschaftlichen Zielsetzung nicht in der gewählten Weise verfahren wären. Die Unangemessenheit einer rechtlichen Gestaltung tritt deutlich hervor, wenn sie überhaupt keinem wirtschaftlichen Zweck dient, also ein vernünftiger wirtschaftlicher Grund nicht zu entdekken ist. Eine rechtliche Gestaltung ist weiter dann unangemessen, wenn der Steuerpflichtige die vom Gesetzgeber eingeräumten Mög-

---

117 BFH vom 14.07,2004, BFH/NV 2004 S. 1689; Ellerich/Schulte, DB 2005 S. 1138; Storg/Vierbach, BB 2003 S. 2098; Felder in Dötsch/Eversberg/Jost/Pung/Witt § 4 KStG nF Rz. 61

118 BFH vom 02.02.1994, BStBl 1994 II S. 479

lichkeiten zur Ereichung eines bestimmten wirtschaftlichen Ziels nicht gebraucht, sondern dafür einen ungewöhnlichen Weg wählt, auf dem nach den Wertungen des Gesetzgebers das Ziel nicht erreichbar sein soll[119].

Das **Motiv der Steuerersparnis** allein macht eine Gestaltung dagegen nicht unangemessen[120]. Ein Steuerpflichtiger ist nicht gehindert, aus mehreren sich anbietenden Lösungen, die nicht unangemessen erscheinen, die steuerlich günstigste zu wählen[121]. Es gibt in der deutschen Rechtsordnung keinen Rechtsgrundsatz, nach der eine Gesellschaft dazu verpflichtet ist, die denkbar höchstmögliche Steuer zu entrichten. Ganz im Gegenteil. Es ist ständige Rechtsprechung, dass es dem Steuerpflichtigen im Rahmen der bestehenden gesetzlichen Vorschriften grundsätzlich unbenommen bleibt, die für ihn günstige Regelung zu wählen und dadurch seine Steuerlast zu minimieren. Den Steuerpflichtigen ist es grundsätzlich nicht verwehrt, ihre rechtlichen Verhältnisse so zu gestalten, dass sich eine geringere steuerliche Belastung ergibt. Die Steueroptimierung entspricht vielmehr dem Grundsatz der Besteuerung nach der Leistungsfähigkeit und damit einem Verfassungsgebot[122].

Im Regelfall werden sich immer **vernünftige wirtschaftliche oder sonstige außersteuerliche Gründe** finden, warum eine Tätigkeit durch eine Kommune nicht im Rahmen eines Betriebes ge-

---

119 BFH vom 19.09.2004, BStBl 2004 II S. 1068; BFH vom 14.07.2004, BFH/NV 2004 S. 1689; BFH vom 19.08.2003, BFH/NV 2004 S. 925; BFH vom 08.05.2003, BStBl 2004 II S. 854; BFH vom 31.07.1991, BFH/NV 1992 S. 410

120 Klein/Brockmeyer AO § 42 Rz. 6; BFH vom 26.03.1996 BStBl 1996 II S. 443

121 BFH vom 18.07.2001, BFH/NV 2001 S. 1636; BFH vom 12.09.1995, BStBl 1996 II S. 158; GrS des BFH vom 29.11.1982, BStBl 1983 II S. 272

122 vgl. im einzelnen von Groll in Kirchhof / Söhn, a. a. O., § 10d Rdnr. A 70, m. w. N.; BFH vom 17.10.2001, BFH/NV 2002 S. 240; BFH vom 19.08.1999, BStBl 2001 II S. 43

werblicher Art, sondern im Rechtskleid einer Kapitalgesellschaft ausgeübt wird. Neben der Haftungsbeschränkung, dem Entledigen der Restriktionen des öffentlichen Rechts, der Möglichkeit externe Geschäftsführer zu gewinnen mit marktgerechter Vergütungsmöglichkeit und vielen anderen betriebswirtschaftlichen und organisatorischen Gründen sei auch auf den Umstand verwiesen, dass die Wahl der Organisationsform der Kapitalgesellschaft oft der Vorbereitung der Privatisierung bestimmter öffentlicher Tätigkeitsbereiche dient[123]. Natürliche Personen oder Gesellschaften in privater Rechtsform können sich nicht an Betrieben gewerblicher Art beteiligen.

Wenn schon jede einzelne Tätigkeit auch in der Rechtsform einer Kapitalgesellschaft betrieben werden kann, kann schlecht von der öffentlichen Hand gefordert werden, dass jede einzelne Tätigkeit in einer eigenen Kapitalgesellschaft durchgeführt werden sollte. Für eine solche Forderung gibt es auch keine Rechtsgrundlage. Die Zusammenfassung auch verschiedenartiger Tätigkeiten – Stichwort Diversifikation – in einer Kapitalgesellschaft oder einem Konzernverbund ist nichts Ungewöhnliches. Es macht letztendlich steuerlich auch keinen Unterschied, ob für jede einzelne Tätigkeit eine eigene GmbH gegründet wird und diese GmbHs dann organschaftlich gemäß §§ 14 ff KStG verbunden werden. Denn auch der Abschluss eines Ergebnisabführungsvertrages und damit die Begründung einer steuerlichen Organschaft ist nichts Ungewöhnliches, auch wenn die Verwaltung darin im kommunalen Bereich unter Umständen einen Gestaltungsmissbrauch erblickt[124].

Dabei kann nichts anderes gelten, nur weil der Gesetzgeber bestimmte Tätigkeiten der öffentlichen Hand unbeschadet einer Gewinnerzielungsabsicht über das Rechtsinstitut des Betriebes ge-

---

123 vgl. auch Storg/Vierbach, BB 2003 S. 2098 (2101); Ellerich/Schulte, DB 2005 S. 1138 (1139)

124 vgl. R 7 (2) Satz 4 KStR

werblicher Art der Steuerpflicht unterwirft. Das gilt unbeschadet davon, dass die Besteuerung der Betriebe gewerblicher Art zum Schutz der Wettbewerbsgleichheit von öffentlicher Hand und privater Wirtschaft dient[125]. Wenn die Tätigkeit bestimmte Rahmenbedingungen erfüllt und daraus per Gesetzesbefehl ein unbeschränkt steuerpflichtiger Betrieb gewerblicher Art abgeleitet wird, erfüllt die Tätigkeit einen wirtschaftlichen Zweck und die Tätigkeit muss dann notwendigerweise organisiert werden. Und nachdem die Dispositionsbefugnis der juristischen Personen des öffentlichen Rechts durch den Gesetzgeber auch nicht eingeschränkt wird und es sich bei der Organisation im Rahmen einer Kapitalgesellschaft um keinen ungewöhnlicher Weg handelt, kann in der Wahl der Organisationsform einer Kapitalgesellschaft – auch wenn dadurch in der Gesamtbetrachtung durch das Zusammenfassen von Gewinn- mit Verlustbetrieben weniger Ertragsteuern anfallen – auch kein Gestaltungsmissbrauch vorliegen[126].

Für die steuerliche Anerkennung der Zusammenfassung verschiedenartiger Tätigkeiten dürfen deshalb auch, falls überhaupt, keine zu hohen Anforderungen gestellt werden.

Zwischenergebnis

Zusammenfassend kann festgehalten werden, dass die wirtschaftliche Betätigung in einer Kapitalgesellschaft keine ungewöhnliche Gestaltung ist, sondern ein alltäglicher Akt sowohl im allgemeinen Wirtschaftsverkehr als auch im Bereich der öffentlichen Hand. Auch die Zusammenfassung verschiedenartiger Tätigkeiten in einer Kapitalgesellschaft ist im Wirtschaftsleben nichts Ungewöhnliches,

125 vgl. Bott in Ernst & Young, § 4 KStG Rz. 3f
126 BFH vom 14.07.2004, BFH/NV 2004 S. 1689

weshalb darin auch im kommunalen Bereich kein Gestaltungsmissbrauch im Sinne des § 42 AO gesehen werden kann[127].

5.3. Verdeckte Gewinnausschüttung

Unter einer verdeckten Gewinnausschüttung i.S. des § 8 Abs. 3 Satz 2 KStG ist bei einer Kapitalgesellschaft eine Vermögensminderung oder verhinderte Vermögensmehrung zu verstehen, die durch das Gesellschaftsverhältnis veranlasst ist, sich auf die Höhe des Unterschiedsbetrages gemäß § 4 Abs. 1 Satz 1 EStG i.V.m. § 8 Abs. 1 KStG auswirkt und in keinem Zusammenhang mit einer offenen Ausschüttung steht. Für den größten Teil der entschiedenen Fälle hat der BFH die Veranlassung durch das Gesellschaftsverhältnis angenommen, wenn die Kapitalgesellschaft ihrem Gesellschafter einen Vermögensvorteil zuwendet, den sie bei der Sorgfalt eines ordentlichen und gewissenhaften Geschäftsleiters einem Nichtgesellschafter nicht gewährt hätte[128].

Eine verdeckte Gewinnausschüttung kann unter Anwendung dieser Grundsätze u.a. auch darin liegen, dass eine Kapitalgesellschaft ohne angemessenes Entgelt **Geschäfte tätigt**, die im privaten bzw. öffentlich-rechtlichen Interesse ihrer Gesellschafter liegen und bei der Gesellschaft selbst zu Verlusten bzw. zur Gewinnlosigkeit führen[129]. Ist dies der Fall und ist eine verdeckte Gewinnausschüt-

---

127 Storg/Vierbach, BB 2003 S. 2098; Ellerich/Schulte, DB 2005 S. 1138; Schauhoff, in: Besteuerung der öffentlichen Hand, Euroforum Verlag, Lektion 6 S. 20

128 ständige Rechtsprechung des BFH, vgl. Urteile vom 7.8.2002, BFH/NV 2003 S. 124 und vom 17.9.2003, BFH/NV 2004 S. 182

129 nrkr. FG Köln vom 23.06.2004, EFG 2004 S. 1714; BFH vom 15.05.2002, BFH/NV 2002 S. 1538; BFH vom 04.12.1996 BFH/NV 1997 S. 190; BFH vom 08.07.1998, BFH/NV 1999 S. 269; BFH vom 08.08.2001, BFH/NV 2001 S. 1678; BFH vom 17.11.1999, BFH/NV 2000 S. 1502.

tung anzunehmen, so sind die von der Gesellschaft ggf. erzielten Verluste zwar bei der Ermittlung ihres (Steuer-)Bilanzgewinns zu berücksichtigen. Der so ermittelte Gewinn ist jedoch außerbilanziell um die angefallenen Verlustbeträge sowie um einen angemessenen Gewinnaufschlag zu erhöhen. Entsprechendes gilt, wenn eine Kapitalgesellschaft oder ein Betrieb gewerblicher Art ihrem (öffentlich-rechtlichen) Gesellschafter bzw. seiner Trägerkörperschaft **eine Leistung zur Verfügung stellt**, ohne hierfür ein im Geschäftsverkehr übliches Entgelt zu erhalten[130]. In diesen Fällen liegt eine verdeckte Gewinnausschüttung in Form der verhinderten Vermögensmehrung insoweit vor, wie der öffentlich-rechtliche Gesellschafter oder Träger die **an ihn erbrachten Leistungen** unterhalb des – nach den konkreten Umständen des Einzelfalles zu ermittelnden – angemessenen, verkehrsüblichen Entgelts vergütet.

Allerdings kann die Ausübung einer bestimmten Tätigkeit durch eine Kapitalgesellschaft nicht allein deshalb eine verdeckte Gewinnausschüttung auslösen, weil sie mit einem -u.U. auch erheblichen- Verlustrisiko verbunden ist bzw. im konkreten Fall tatsächlich zu einem Verlust führt. Denn ein solches Risiko wohnt fast jeder kaufmännischen Geschäftstätigkeit inne. Vielmehr liegt eine verdeckte Gewinnausschüttung nur dann vor, wenn die Gesellschaft nicht aus eigenem Gewinnstreben, sondern zur **Befriedigung privater bzw. hoheitlicher Interessen** ihres Gesellschafters handelt. Ein Indiz hierfür kann es sein, wenn die Tätigkeit unter den konkret vereinbarten Bedingungen im Grunde keine Gewinnchancen mit sich bringt oder die mit ihr verbundenen Risiken die vorhandenen Gewinnchancen so deutlich überwiegen, dass ein ordentlicher und gewissenhafter Geschäftsleiter (§ 43 Abs. 1 GmbHG) das betref-

---

130 BFH vom 28.01.2004, BFH/NV 2004 S. 520; BFH vom 10.07.1996, BStBl II 1997 S. 230; BFH vom 17.05.2000, BStBl II 2000 S. 480

fende Geschäft nicht bzw. nicht zu den vereinbarten Konditionen übernommen hätte[131].

Ob das Handeln der Gesellschaft im vorstehend beschriebenen Sinne im eigenen oder im Interesse der Gesellschafter erfolgt, ist grundsätzlich nach denjenigen Regeln zu beurteilen, die bei natürlichen Personen und Personengesellschaften für die Abgrenzung der auf Einkunftserzielung gerichteten Tätigkeit von der steuerlich unbeachtlichen "Liebhaberei" gelten[132].

5.3.1. Gewinnerzielungsabsicht

Die Absicht der Gewinnerzielung zeigt sich normalerweise in dem Bestreben der Kapitalgesellschaft, während des Bestehens ihres Betriebs aufs Ganze gesehen einen Gewinn zu erzielen. Hierfür ist insbesondere von Bedeutung, ob der Betrieb bei objektiver Betrachtung nach seiner Art, der Gestaltung der Betriebsführung und den gegebenen Ertragsaussichten einen "Totalgewinn" in diesem Sinne erwarten lässt[133].

Das Beurteilungskriterium der möglicherweise fehlenden Gewinnerzielungsabsicht ist jedoch bei der steuerlichen Beurteilung von dauerdefizitären Betrieben der öffentlichen Hand im Rechtskleid einer Kapitalgesellschaft ohne Relevanz. Der Gesetzgeber hat ausdrücklich die Betriebe gewerblicher Art auch dann in die unbeschränkte Steuerpflicht genommen, wenn keine Gewinnerzielungsabsicht besteht[134]. Würde man entgegen dem eindeutigen Wortlaut

---

131 BFH vom 15.05.2002, BFH/NV 2002 S.1538

132 BFH vom 17.11.2004, BFH/NV 2005 S. 793; BFH vom 04.12.1996, Lexinform 141050; BFH vom 15.05.2002, BFH/NV 2002 S. 1538

133 BFH vom 15.05.2002, BFH/NV 2002 S. 1538; BFH vom 27.01.2000, BFH/NV 2000 S. 805; BFH vom 27.03.2001, BFH/NV 2001 S. 1381

134 § 4 (1) Satz 2 KStG

des § 4 (1) Satz 2 KStG aus allgemeinen Erwägungen heraus bei einem Betrieb gewerblicher Art eine Gewinnerzielungsabsicht unter Berufung auf § 8 (3) KStG fordern, führt dies zu einem nicht auflösbaren Wertungswiderspruch[135]. Dieser drohende Wertungswiderspruch ist immer zugunsten der spezielleren Regelung zu lösen: **lex specialis derogat legi generali**[136]. Danach verdrängt in Konkurrenzsituationen die Sonderregelung des § 4 (1) Satz 2 KStG die allgemeinen Regelungen des § 8 (3) KStG, §§ 2 (1) (2) und 15 (3) Satz 1 EStG.

Die für Betriebe gewerblicher Art geltende Sonderregelung des § 4 (1) Satz 2 KStG strahlt ihre Wirkung auch auf eine Kapitalgesellschaft aus, da durch diese Sonderregelung die betreffenden kommunalen Tätigkeiten per Gesetzesbefehl der steuerlich relevanten Sphäre zugeordnet werden. Im Einzelnen vgl. nachfolgende Tz. 5.3.4.3.

Auch gibt es weder eine zivil- noch eine steuerrechtliche Gesetzesgrundlage, die von einer Kapitalgesellschaft einen Gewinnbetrieb fordert. Das Gesellschaftsrecht schreibt weder den Gegenstand einer Kapitalgesellschaft vor, noch ist ein Formalziel vorgegeben, so dass eine Kapitalgesellschaft auch für gemeinnützige und andere nicht auf Gewinn gerichtete Zwecke zur Verfügung steht[137]. Damit kann man aus Dauerverlusten im kommunalen Umfeld keine Rückschlüsse daraus ziehen, dass wegen fehlender Gewinnerzielungsabsicht eine Liebhaberei bzw. verdeckte Gewinnausschüttung vorliegen könnte.

---

135 FG Düsseldorf vom 10.07.2003, EFG 2003 1408 nrkr.; so auch zur Diskussion gestellt vom BFH im Beschluss vom 25.01.2005, DB 2005 S. 1089; Storg, BB 2005 S. 1993

136 Hübschmann/Hepp/Spitaler, § 4 AO Rz. 364

137 Raiser, in: Recht der Kapitalgesellschaften, 2. Auflage, § 4 Rz. 9 für AG und § 25 Rz. 11ff für GmbH

Zwischenergebnis

Die Dauerverluste von segmentiert betrachtet Betrieben gewerblicher Art – also nicht Tätigkeiten aus dem hoheitlichen, nicht steuerbarem Bereich – können demnach bei einer kommunalen Kapitalgesellschaft **nicht als Indiz** für eine außersteuerliche Motivation gewertet werden.

5.3.2. Segmentierung eines Betriebs zur Identifizierung außersteuerlich motivierter Tätigkeiten

Unabhängig von der fehlenden Indizwirkung der Verluste ist lt. Rechtsprechung dennoch zu untersuchen, ob der Betrieb insgesamt oder einzelne, klar abgrenzbare Tätigkeiten dauerdefizitär betrieben werden und die segmentierbaren Tätigkeiten nicht aus betrieblichen Gründen, sondern zur Befriedigung privater (hoheitlicher) Interessen ihres Gesellschafters unterhalten werden.

Die Abgrenzung einzelner Tätigkeiten ist steuerlich zulässig[138] und im Regelfall bei kommunal veranlassten Tätigkeiten unproblematisch, insbesondere wird z.B. im Versorgungsbereich eine differenzierte Spartenrechnung gefordert[139]. Ansonsten kann auf die Unterscheidung der einzelnen Betriebe gewerblicher Art zurückgegriffen werden, die maßgebend wäre, falls die Tätigkeiten öffentlich-rechtlich organisiert wären.

Ist gewillkürtes Betriebsvermögen einer Sparte mangels sachlich-funktionalem Zusammenhang nicht direkt zuordenbar, sind die Erträge z.B. aus Aktien nach einem betriebswirtschaftlich sinnvol-

---

138 s.o. Tz. 4.2.

139 z.B. § 9 (2) EnWG

len Schlüssel aufzuteilen[140]. Eine Zuordnung der Erträge zu den einzelnen Tätigkeitsbereichen ist aber in jedem Fall erforderlich, da die Einlage von Betriebsvermögen zwangsläufig zur Folge hat, dass die Erträge dieses gewillkürten Betriebsvermögens Teil des Gewinns des Betriebs sind[141].

5.3.3. Struktureller Verlustbetrieb

Unabhängig von vorliegenden Verlusten ist zunächst zu prüfen, ob es sich um eine **strukturelle** dauerdefizitäre Tätigkeit handelt. Nur wenn der Betrieb aus objektiven Gründen auch zukünftig nicht zur Erzielung von Gewinnen geeignet erscheint, kann bei einer nicht nebenberuflich ausgeübten Tätigkeit eine Liebhaberei vorliegen[142]. Erst wenn die Verluste als strukturell bedingt festgestellt werden, ist die Untersuchung erforderlich, ob der subjektive Liebhabereibegriff erfüllt wird[143].

Ein Betrieb ist dann strukturell verlustbringend, wenn der Betrieb aus objektiven Gründen auch zukünftig nicht zur Erzielung von Gewinnen geeignet erscheint. Dies wird dann angenommen, wenn der Betrieb trotz der anhaltenden Verluste in stets gleicher Form weiterbetrieben wird, keine innerbetrieblichen Strukturmaßnahmen zur Erzielung positiver Ergebnisse ergriffen werden oder

---

140 vgl. BFH vom 14.07.2004, BFH/NV 2004 S. 1689, ohne dass sich der BFH näher zur Aufteilung der Erträge geäußert hat.

141 BFH vom 25.07.2002, BFH/NV 2002 S. 341: eine Aufteilung der Erträge war im Urteilsfall nicht notwendig, da zwei BgA betroffen waren und die Kommune in jeden der beiden BgA Aktien eingelegt hat

142 BFH vom 14.12.2004, BFH/NV 2005 S. 764; vgl. auch BFH vom 25.01.2005, DB 2005 S. 1089, wo ausdrücklich festgehalten worden ist, dass es sich nach den tatrichterlichen Feststellungen des FG um einen strukturell verlustbringenden Bäderbetrieb handelt

143 vgl. oben Nr. 4.3.

keine Anstrengungen zu einer Steigerung des Umsatzes unternommen werden[144].

Die Haushaltsmittel der öffentlichen Hand werden bekanntlich immer knapper, die immense Verschuldung der öffentlichen Hand einschließlich von Nebenhaushalten und der drohenden Ausgabenflut zur Bewältigung der Alterversorgung schränken die Handlungsspielräume der öffentlichen Hand immer mehr ein. Die öffentliche Hand wird daher immer stärker zu Kosteneinsparungen gezwungen. Die Kosteneinsparungen müssen auf allen Gebieten im Bereich der öffentlichen Hand erzielt werden, insbesondere auch im Bereich der Betriebe gewerblicher Art. Wesentliche Eckpunkte sind dabei Kosteneinsparungen, Straffung der Organisation, Reduzierung von Angeboten, Umstrukturierung der Betriebe (Maßnahmen bei Bädern zum Beispiel Ganzjahresbetrieb, Reduzierung des kostenintensiven Nassbereichs und Ausweitung gewinnträchtiger Bereiche wie Sauna, Unterhaltung und Gastronomie) und Anhebung der Preise. Die vermeintlich einfachste Lösung – Anhebung der Preise – ist am Markt regelmäßig nicht bzw. nur in eingeschränktem Umfang durchsetzbar, wie erst jüngst die massive Anhebung der Tabaksteuer gezeigt hat. Bei überzogenen Preisen bricht die Nachfrage ein bzw. der Kunde weicht auf Alternativen aus.

Eine gemeinsame Untersuchung der kommunalen Spitzenverbände gemeinsam mit dem Bundesverband Deutscher Omnibusunternehmen merkte hierzu in einer Broschüre „Fahrpreise im öffentlichen Personennahverkehr“ folgendes an: „Eine generelle Erhöhung des Tarifniveaus über die allgemeine Kostenentwicklung hinaus dürfte aufgrund der hohen Preiselastizität nur schwer am Markt durchsetzbar sein. Die nach wie vor schwierige wirtschaftliche Lage in Deutschland erlaubt derzeit keine Anpassungen des Fahrpreisniveaus, die erheblich über der Steigerungsrate der Lebens-

144 BFH vom 14.12.2004, BFH/NV 2005 S. 764

haltungskosten liegen. Ein dadurch möglicherweise hervorgerufener Rückgang des Fahrgastaufkommens könnte im Gesamtergebnis merkliche Ertragseinbußen für die Verkehrsunternehmen zur Folge haben, was kontraproduktiv wäre.“ [145]

Die Ausgliederung von Defizitbetrieben in Kapitalgesellschaften ist ein probates Mittel, auf Dauer gesehen die strukturell bedingten Verluste abzubauen. Dabei werden bereits markante Erfolge erzielt. So konnte gemäß der VDV-Jahresstatistik 2004/05 von 1994 bis zum Jahr 2003 der Kostendeckungsgrad im ÖPNV durchschnittlich um knappe 10 Prozentpunkte von unter 62,1 Prozent auf aktuell 71,0 Prozent angehoben werden. In den neuen Bundesländern stieg der Kostendeckungsgrad sogar von 50,4 Prozent im Jahr 1994 auf 65,4 Prozent im Jahr 2003. In den alten Bundesländern inkl. Berlin betrugen die Vergleichswerte im Jahr 2003 64,1 Prozent zu aktuell im Jahr 2003 71,9 Prozent. Rechnet man die im Jahr 2003 angefallenen Kosten für Restrukturierungsmaßnahmen (Zuführung zu Rückstellungen für Personalabbau und Altersteilzeit) heraus, erhöht sich der Kostendeckungsgrad im Jahr 2003 um 1,2 Prozent auf 73,1 Prozent.

Der Kostendeckungsgrad nach VDV-Definition gibt das Verhältnis von Nettoertrag zu Gesamtaufwand wider. Erträge mit Verlustausgleichscharakter wie Zuschüsse der Anteilseigner der Umlandgemeinden oder anderer Stellen, Betriebskostenzuschüsse oder Erträge aus Verlustübernahme (§ 302 AktG) werden dabei von den Bruttoerträgen abgezogen und ergeben den Nettoertrag.

---

145 Broschüre „Fahrpreise im öffentlichen Personennahverkehr“, September 1999, S. 12, herausgegeben von: Deutscher Städtetag, Deutscher Landkreistag, Deutscher Städte- und Gemeindebund, Bundesverband Deutscher Omnibusunternehmen und Verband Deutscher Verkehrsunternehmen aus 1999.

Entwicklung des Kostendeckungsgrades der VDV-Unternehmen 1993 bis 2003 (in Prozent)*

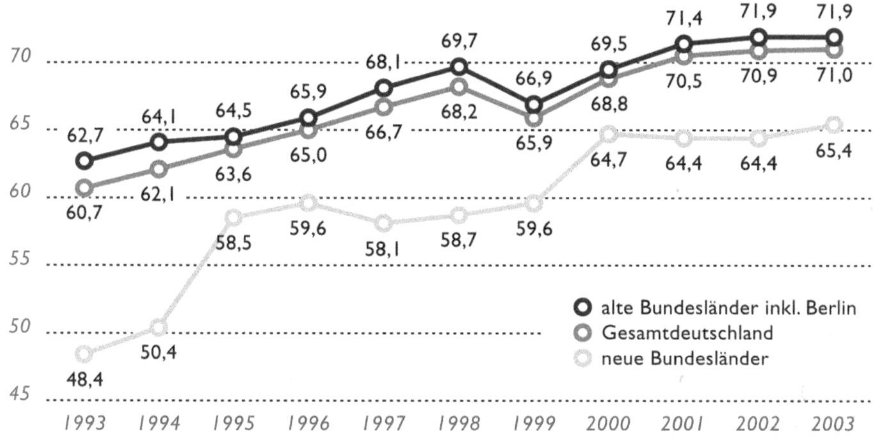

** ohne SPNV der DB-Gruppe, ab 1998 inkl. S-Bahn Hamburg GmbH · Quellen: verbandsinterne Erhebungen der Erträge und Aufwendungen; Meldungen anhand der Fahrgastzahlen hochgerechnet auf die Gesamtheit der Mitglieder*

Festzuhalten bleibt, dass sich die öffentliche Hand in einem gravierenden Umwälzungsprozess befindet und insbesondere im Bereich der typischen Verlustträger wie dem ÖPNV und der Bäderbetriebe mit immensen Anstrengungen und Umstrukturierungen einen Defizitabbau bis hin zum Erreichen der Gewinnschwelle vorantreibt. Es ist deshalb in jedem Einzelfall zu untersuchen, ob durch vorhandene und konkret geplante Maßnahmen mittel- bis langfristig eine Rückkehr in die Kostendeckung oder sogar Gewinnzone möglich erscheint. Im Hinblick auf die gesetzlich normierte nicht erforderliche Gewinnerzielungsabsicht ist es m.E. gar nicht erforderlich, dass ein Totalgewinn prognostiziert werden kann. Aber selbst wenn man davon ausginge, dass ein Totalgewinn prognostizierbar sein müsste, verdeutlichen die vorstehenden Ausführungen, dass die öffentliche Hand immense Anstrengungen zum Defizitabbau unternimmt.

Jedenfalls kann bei Tätigkeiten der Daseinsfürsorge für die Feststellung, ob ein strukturell dauerdefizitärer Betrieb vorliegt, ein sehr langer Planungshorizont herangezogen werden, der in Anlehnung an Immobilien durchaus mit bis zu 100 Jahren[146] bemessen werden kann. Ein langer Planungshorizont erscheint auch unter dem Aspekt gerechtfertigt, als notwendige Personalanpassungen wegen des ausgeprägten Kündigungsschutzes im öffentlichen Sektor bis hin zur Unkündbarkeit und wegen der eingeschränkte Möglichkeiten der Anpassung von Gehalts- und Lohnvereinbarungen aufgrund von Besitzstandswahrung nur über lange Zeiträume eine Anpassung der Personalkosten ermöglichen.

Zwischenergebnis

Bezieht man die immensen Umstrukturierungsanstrengungen der kommunalen Unternehmen auf die oben unter Tz. 4.3. dargestellten Grundsätze der Rechtsprechung, wird deutlich, dass der **subjektive** Liebhabereibegriff nicht erfüllt wird[147]. Die kommunalen Unternehmen nehmen die Verluste nicht einfach hin. Es werden immense Anstrengungen zur Ergebnisverbesserung (Kostenreduzierungen, Steigerung der Einnahmen, Betriebsreorganisationen, Personalabbau etc.) vorgenommen. Die kommunalen Betriebe werden auch unter Beschäftigung einer großen Anzahl von Mitarbeitern hauptberuflich und „mit vollem persönlichen Einsatz“ ausgeübt. Wegen der desolaten Haushaltslage der öffentlichen Hand kann auch nicht davon ausgegangen werden, dass wegen anderweitiger hoher Einkünfte ein persönliches Motiv im Sinne eines Steuersparmodells für die Ausübung der defizitären Betriebe maßgebend ist. Unter aus-

146 vgl. Weber-Grellet, DStR 1992 S.561 (564) mit weiteren Fundstellen
147 BFH vom 21.07.2004, BStBl 2004 II S. 1063

drücklichen Hinweis auf das Urteil des BFH vom 22.04.1998[148], bei dem ein Rechtsanwalt über 22 Jahre hinweg und damit einen Großteil seines Beruflebens von 1971 bis 1992 Verluste von 986 TDM anhäufte und im Jahr 1992 bei Einnahmen von 338.855 DM einen mageren Gewinn von 473 DM erwirtschaftete – ohne dass perspektivisch für die vielleicht noch verbleibenden 10 – 15 Jahre Berufsleben erzielbare Gewinne dargestellt wurden, muss festgehalten werden, dass nach den von der Rechtsprechung vorgegebenen Kriterien der **subjektive** Liebhabereibegriff bei den kommunalen Unternehmen nicht erfüllt wird und deshalb bei kommunalen Defizitbetrieben nicht von einer privaten Veranlassung ausgegangen werden kann.

5.3.4. Privates bzw. öffentlich-rechtliches Interesse

Was unter öffentlich-rechtlichem Interesse zu verstehen ist, hat der BFH bisher nicht erläutert. Bei der Abgrenzung zwischen wirtschaftlicher und hoheitlicher Tätigkeit einer juristischen Person des öffentlichen Rechts hat der BFH angemerkt, dass die Erfüllung **spezifisch öffentlich-rechtlicher Aufgaben**, die aus der Staatsgewalt abgeleitet wird, für eine hoheitliche Tätigkeit kennzeichnend sei[149].

Die bisherige Rechtsprechung ist indifferent, wenn man sich die Urteile **unter dem Aspekt der privaten (öffentlichen) Motivation** betrachtet. Dies kann natürlich darauf zurück geführt werden, dass die Feststellung privater Motive bei der bisherigen rechtlichen Beurteilung nicht entscheidungserheblich war. Eine private Motivation wird in der Rechtsprechung bisher im Ergebnis nur in den Fällen angenommen, in denen ein Betrieb gewerblicher Art mit ei-

---

148 BStBl. 1998 II S. 663

149 BFH vom 25.01.2005, DStR 2005 S. 651

nem Hoheitsbetrieb zusammengefasst wird[150]. Eine betriebliche Motivation wurde bisher immer angenommen bei der Zusammenfassung von gleichartigen Betrieben und Versorgungsbetrieben, auch wenn die Versorgungsbetriebe nicht gleichartig sind[151]. Dabei war unbeachtlich, ob es sich jeweils um reine Gewinnbetriebe, nur Verlustbetriebe oder auf der einen Seite um Gewinn- und andererseits um Verlustbetriebe handelt. Eine private Motivation wurde auch in den Fällen nicht angenommen, in denen nicht gleichartige Verlustbetriebe zusammengefasst wurden[152]. Nur bei einer Fallkonstellation soll eine private Motivation vorliegen. Nämlich dann, wenn nicht gleichartige Gewinn- und Verlustbetriebe zusammengefasst werden[153].

5.3.4.1. Kommunen handeln immer im öffentlichen Interesse

Die Abgrenzung der Interessensphären ist schwierig, weil die **Kapitalgesellschaft als juristische Person keine eigenen Interessen verfolgt, sondern "ihre" Interessen von den hinter ihr stehenden Gesellschaftern vorgegeben erhält**. So gesehen bestimmt zwar der Wille der Gesellschafter die Aufgaben der Kapitalgesellschaft. Dies schließt es aber nach der Rechtsprechung nicht aus, steuerrechtlich die Entstehung von Gesellschaftsverlusten aus dem persönlichen Interesse eines Gesellschafters diesem über die verdeckte Gewinnausschüttung zuzuordnen[154].

Bei kommunalen Gesellschaften ist zudem zu beachten, dass auch der Gesellschafter eine Körperschaft in der Rechtsform einer

---

150 BFH vom 10.07.1962, BStBl 1962 III S. 448

151 Z.B. Energie und Parkhaus oder Verkehr

152 BFH vom 04.09.2002, BFH/NV 2003 S. 511

153 R 7 (2) Satz 2 KStR

154 BFH vom 04.12.1996, Lexinform 141050; BFH vom 08.07.1998, BFH/NV 1999 S. 269

juristischen Person des öffentlichen Rechts ist. Im Gegensatz zu natürlichen Personen, die frei über die Ausübung einer bestimmten Tätigkeit entscheiden können, erhält die öffentliche Körperschaft ihre Tätigkeiten entweder vom Gesetzgeber vorgegeben oder der Stadtrat trifft aufgrund einer entsprechenden politischen Willensbildung im öffentliche Interesse eine Entscheidung über eine auszuübende Tätigkeit. Die Verwaltung (Bürgermeister, Verwaltung) ist dann verpflichtet, die Ausübung der Tätigkeit zu organisieren und für die Ausübung zu sorgen.

Die Gemeinden regeln gemäß Art. 28 (2) Grundgesetz alle Angelegenheiten der örtlichen Gemeinschaft im Rahmen der Gesetze in eigener Verantwortung. Dabei sollen die Gemeinden im eigenen Wirkungskreis in den Grenzen ihrer Leistungsfähigkeit die öffentlichen Einrichtungen schaffen und erhalten, die nach den örtlichen Verhältnissen für das wirtschaftliche, soziale und kulturelle Wohl und die Förderung des Gemeinschaftslebens ihrer Einwohner erforderlich sind[155]. Zur Erfüllung ihrer Aufgaben dürfen sie grundsätzlich auch Unternehmen in den Rechtsformen des privaten Rechts betreiben[156].

Übereinstimmend fordern die Gemeindeordnungen der Bundesländer als Voraussetzung für eine kommunalwirtschaftliche Betätigung das Vorliegen eines öffentlichen Zwecks. Die Betätigung muss also den öffentlichen Interessen der Einwohner dienen; sie muss aus Gründen des Gemeinwohls erfolgen[157]. Insoweit stellt sich die Frage, ob der öffentliche Zweck direkt durch die wirtschaftliche Betätigung gefördert werden muss oder ob es auch genügt, wenn die von der Gesellschaft erzielten Erträge für einen sol-

155 z.B. Art. 57 Bayer. Gemeindeordnung

156 Art. 86,87 Bayer. Gemeindeordnung; Fabry, in: Fabry/Augsten, Handbuch Unternehmen der öffentlichen Hand, S. 15f

157 Meininger, in: Fabry/Augsten, Handbuch Unternehmen der öffentlichen Hand, S. 65

chen Zweck verwandt werden. Diese Frage wird im Kommunalwirtschaftsrecht von der herrschenden Auffassung im ersten Sinne beantwortet: In der bloßen Erzielung von Einnahmen wird kein öffentlicher Zweck gesehen, auch wenn die Einnahmen zur Aufgabenerfüllung genutzt werden. Begründet wird dies aus dem Zusammenhang der jeweiligen kommunalrechtlichen Bestimmungen[158].

Zwischenergebnis

Damit lässt sich festhalten, dass das gesamte Handeln der öffentlichen Hand öffentlich-rechtlichen Zwecken dient. Das Abstellen auf öffentliche Gründe als Pendant zur privaten Motivation bei natürlichen Personen zur Abgrenzung der steuerlichen von der außersteuerlichen Sphäre erscheint deshalb als nicht zweckmäßig.

5.3.4.2. Verlagerung Aufwendungen in steuerlich erhebliche Sphäre

Nachdem das Interesse der kommunalen Kapitalgesellschaft nicht von den gut identifizierbaren persönlichen Neigungen einzelner, die Geschicke der Gesellschaft bestimmender natürlicher Personen bestimmt werden kann, kann Ausgangspunkt nur die Überlegung sein, dass die Verlagerung privat (öffentlich-rechtlich) veranlasster Aufwendungen in die steuerlich erhebliche Sphäre und die damit verbundene, vom Gesetzgeber nicht gewollte Minderung des Steueraufkommens verhindert werden soll[159]. Eine willkürliche, von privater Motivation getragene Verschiebung von Aufwendungen zwischen beiden Bereichen soll unterbunden werden. Daher

---

158 Vgl. Jarass, Kommunale Wirtschaftsunternehmen im Wettbewerb, 2002, S. 11 ff.

159 BFH vom 15.03.2002, BFH/NV 2002 S. 1538

sollen Einkünfte, die außerhalb der einkunftsrelevanten Sphäre liegen, außer Betracht bleiben[160]. Eine private Motivation erfordert dabei, dass im Interesse des Gesellschafters eine (verdeckte) zweckgerichtete Einkommensverlagerung zu Lasten der Gesellschaft erfolgt[161].

Zwischenergebnis

Abgrenzungskriterium kann also nur sein einerseits der **private (öffentlich-rechtliche) Bereich**, also der öffentlich-rechtliche Hoheitsbereich. Auf der anderen Seite steht der **steuerlich relevante Bereich**, also der Einkünftebereich bei natürlichen Personen und bei juristischen Personen des öffentlichen Rechts die Sphäre der unbeschränkten Steuerpflicht in Gestalt ihrer Betriebe gewerblicher Art.

5.3.4.3. *Steuersphäre kraft Gesetzes durch Einnahmeerzielungsabsicht*

Die Aufwendungen für einen Betrieb gewerblicher Art werden jedoch durch die Trägerkörperschaft nicht aufgrund einer Gestaltungshandlung in die steuerliche Sphäre geschoben, sondern aufgrund des ausdrücklichen Gesetzesbefehls in § 1 (1) Nr. 6 i.V.m. § 4 (1) KStG. Damit kann für den Betrieb eines derzeit dauerdefizitären Betriebes gewerblicher Art auch keine außersteuerliche Motivation vorliegen. Natürlich hat die öffentlich-rechtliche Körperschaft auf Grund gesetzlichem Auftrag oder Auftrags des Stadtrats ein Interesse daran, dass der ihr erteilte Auftrag erfüllt wird. In der Organisation der Abwicklung des Auftrags besteht aber volle

160 Weber-Grellet, DStR 1992 S. 561/563
161 vgl. Prinz, StBJb. 1997/98 S. 97 (113)

Dispositionsfreiheit. Im Organisationsakt selber kann aber einkommensteuerlich kein unbeachtlicher Beweggrund gesehen werden, der Organisationsakt ist einer steuerlichen Beurteilung nicht zugänglich[162].

Die Besteuerung der juristischen Personen des öffentlichen Rechts unterscheidet sich signifikant von der allgemeinen Besteuerung, in der die Steuerpflicht grundsätzlich eine Gewinnerzielungsabsicht voraussetzt. Die kommunalen Tätigkeiten werden ohne wenn und aber und vor allen Dingen ohne das Erfordernis einer Gewinnerzielungsabsicht vom Gesetzgeber in die Steuerpflicht gedrängt. Die Besteuerung obliegt also nicht der Disposition oder dem Gestaltungswillen der juristischen Person des öffentlichen Rechts. Betreibt eine Kommune einen öffentlichen Nahverkehr oder ein Bad, ist der gesetzliche Tatbestand der Steuerpflicht erfüllt. Der Kommune ist eine Aufgabe zugewiesen worden, die sie regelmäßig aus Gründen der Daseinsvorsorge zu erfüllen hat. Steuerliche Erwägungen spielen hierbei keinerlei Rolle, geschweige denn, dass Kosten der Hoheitsverwaltung in die Steuerpflicht umgeleitet werden sollen. Da Betriebe gewerblicher Art aus wettbewerbsrechtlichen Erwägungen ohne Rücksicht auf ihre besondere Aufgabenstellung und unabhängig davon der Besteuerung unterworfen werden, ob Gewinnerzielungsabsicht besteht oder nicht, ist der Betrieb für die Besteuerung auch so zu nehmen wie er ist[163].

Zwischenergebnis

Der Betrieb gewerblicher Art wird also nicht aus privater/außersteuerlicher Motivation, sondern nach der bestehenden Rechtslage

---

162 BFH vom 14.07.2004, BFH/NV 2004 S. 1689; BFH vom 30.11.1989, BFH/NV 1991 S. 432; BFH vom 16.01.1992, BStBl 1992 II S. 541

163 FG Düsseldorf vom 10.07.2003, EFG 2003 St. 1408 (Az beim BFH I R 8/04); Hölzer, Der Betrieb 2004 S. 2090; Knobbe-Keuk, StuW 1983 S. 227

ausschließlich aus betrieblichen Gründen unterhalten[164]. Das Gesetz verlangt explizit keine Gewinnerzielungsabsicht. Deshalb kann auch nicht wegen der fehlenden Gewinne typisierend unterstellt werden, dass die Tätigkeit im privatem Interesse der Trägerkörperschaft und somit im außersteuerlichen Bereich erfolgt.

Anders sieht es aus, wenn **hoheitliche Tätigkeiten** in Kapitalgesellschaften verlagert werden würden. Unabhängig davon, ob dies verwaltungsrechtlich überhaupt zulässig ist, wäre dann auch der Tatbestand erfüllt, dass steuerlich unbeachtliche Tätigkeiten mit betrieblichen Einkünften verknüpft werden. Es würde dann eine Verlagerung privat veranlasster Aufwendungen in die steuerlich erhebliche Sphäre stattfinden.

5.3.5. Motivation deckungsgleich bei BgA und Kapitalgesellschaft

Wenn ein dauerdefizitärer Betrieb gewerblicher Art im Rahmen der Besteuerungssystematik nach § 1 (1) Nr. 6 KStG mangels privatem (öffentlich-rechtlichem) Interesse nicht zu einer verdeckten Gewinnausschüttung führen kann, gilt dies entsprechend, wenn die gleiche Betätigung im Rechtskleid der Kapitalgesellschaft vorgenommen wird. Die Ursache für die Betätigung ist identisch, der Unterschied liegt ausschließlich in der gewählten Organisationsform. Die Motivation, warum ein Verkehrs- oder Bäderbetrieb betrieben wird, ändert sich nicht. Mit dem Beschluss zur Durchführung einer entsprechenden Tätigkeit und dessen Umsetzung bewegt sich die Trägerkörperschaft kraft Gesetzes im betrieblichen, steuerlich relevanten Bereich. Bewegt man sich bereits im betrieblichen Bereich, schließt dies eine private Veranlassung für die nachfolgende Entscheidung über die Organisationsform aus. Die Entscheidung über die Organisation der beschlossenen Tätigkeit ist den-

164 Storg, BB 2005 S. 1993

knotwendig der Entscheidung, dass eine Tätigkeit ausgeübt wird, nachgelagert. Eine Transformation einer betrieblichen Entscheidung in eine private aufgrund einer Organisationsentscheidung ist nicht möglich.

5.3.6. Organisationsakt und schuldrechtliches Rechtsgeschäft

Es ist streng zu trennen zwischen dem Organisationsakt als solchem und schuldrechtlichen Leistungsaustauschverhältnissen zwischen der Gesellschaft und dem Gesellschafter.

Der Organisationsakt findet auf gesellschaftsrechtlicher Ebene statt. Der Organisationsakt regelt die Rahmenbedingungen, nach denen eine bestimmte Tätigkeit zu vollziehen ist und gibt dem Geschäftsführer die Regeln vor, nach denen er den Betrieb zu führen hat. Es wird das Rechtskleid (Betrieb gewerblicher Art, Kapitalgesellschaft etc.) vorgegeben, in dem die Aufgabe erfüllt wird. Daraus ergeben sich aber keine weitergehenden Leistungsbeziehungen zwischen der Gesellschaft und dem Gesellschafter[165].

Dies ist nur dann anders, wenn bereits in der Satzung der Gesellschaft **konkrete, individualisierbare Leistungen** für den Gesellschafter oder ihm nahe stehende Personen begründet werden[166], wie dies bei Einkaufsgesellschaften der Fall sein kann[167]. Dies entspricht auch der ständigen Rechtsprechung zum Umsatzsteuerrecht[168]. Die Gesellschaft erfüllt ihre Aufgabe in eigenem Interesse, dem lt. Satzung vorgegebenen Unternehmensinteresse. Der Gesell-

165 Hölzer in Der Betrieb 2003 S. 2090; Dötsch/Eversberg/Jost/Pung/Witt, § 4 KStG Rz. 72

166 BFH vom 11.04.2002, BStBl 2002 II S. 782

167 BFH vom 19.03.1975, BStBl 1975 II S. 722; BFH vom 02.02.1994, BStBl 1994 II S. 479

168 BFH vom 20.04.1988, BStBl 1988 II S. 792; BFH vom 26.10.2000, BFH/NV 2001 S. 494; BFH vom 10.08.1989, BFH/NV 1990 S. 398

schafter hat dann Anspruch auf den insgesamt von der Gesellschaft erzielten Erfolg[169].

Davon zu unterscheiden sind **Leistungsvereinbarungen** zwischen der Gesellschaft und dem Gesellschafter auf schuldrechtlicher Basis. Hier greifen die allgemeinen Grundsätze, wonach die Gesellschaft als Leistender insbesondere eine am Fremdvergleich ausgerichtete angemessene Vergütung zu erhalten hat.

Es gibt auch keine rechtlichen Hinderungsgründe, satzungsmäßige Aufgaben einer Gesellschaft zum Gegenstand eines besonderen Geschäftsbesorgungsvertrages zu machen[170]. Insoweit hat der Gesellschafter eine **Dispositionsbefugnis**, die unstrittig ist[171]. Dies hält z.B. Kirchhof in seinem Kompaktkommentar zum Einkommensteuergesetz wie folgt fest[172]:

> „... Während bei der Kapitalgesellschaft sämtliche Leistungsbeziehungen – Veräußerung, Nutzungsüberlassung, Dienstleistung, Kapitalzufuhr – wahlweise auf gesellschaftsrechtlicher oder schuldrechtlicher Basis durchgeführt werden können und dementsprechend die jeweiligen Leistungsentgelte in den unternehmerischen Gewinn fallen oder nicht, ...“

5.3.7. Aufgabenerfüllung begründet keinen Leistungsaustausch

In der Aufgabenerfüllung durch die Gesellschaft kann regelmäßig keine Leistung gegenüber dem Gesellschafter im Rahmen eines Leistungsaustauschverhältnisses gesehen werden. Insbesondere

---

169 § 29 GmbHG

170 BFH vom 11.04.2002, BStBl 2002 II S. 782; FG Köln vom 23.06.2004, EFG 2004 S. 1715 (NZB, BFH V B 194/04)

171 vgl. z.B. BFH vom 09.08.2000, BStBl 2001 II S. 140; Schreiben BMF (Parlamentarischer Staatssekretär Dr. Grünewald) vom 14.07.1994, VKU Nachrichte 1994 S. 10; StE 1994 S. 107

172 Kirchhof, EStG 2. Auflage, Einleitung Rz. 21

kann in der Entscheidung eine bestimmte Tätigkeit auszuführen, keine Leistung der Trägerkörperschaft an sich selber gesehen werden. Entsprechendes gilt, wenn die Trägerkörperschaft sich entscheidet, die Aufgabe in der Rechtsform der Kapitalgesellschaft zu organisieren.

5.3.7.1. Kapitalgesellschaft handelt in Erfüllung eigener Aufgaben

Durch den Organisationsakt entscheidet die Trägerkörperschaft, dass die entsprechende Aufgabe der Daseinsfürsorge nicht durch sie selber – dann steuerlich in Form eines Betriebes gewerblicher Art –, sondern im Rechtskleid einer Kapitalgesellschaft ausgeführt wird. Die **Zuweisung der Aufgaben** erfolgt auf gesellschaftsrechtlicher Grundlage durch Gründung der Kapitalgesellschaft und entsprechende Ausgestaltung der Satzung. Daneben erteilt die Trägerkörperschaft der Kapitalgesellschaft z.B. für die Energieversorgung oder den ÖPNV eine Konzession. Erst mit dieser Konzession ist die Gesellschaft berechtigt, die Tätigkeit wahrzunehmen[173].

Die Gesellschaft erfüllt die Aufgabe dann in eigener Verantwortung. Der Satzungszweck wird von der Kapitalgesellschaft selbst durch eigenes Tätigwerden verwirklicht[174]. Der Unternehmer oder derjenige, dem die Betriebsführung zugewiesen worden ist, muss z.B. nach § 3 (2) PBefG den Verkehr ausdrücklich im eigenen Namen, unter eigener Verantwortung und für eigene Rechnung betreiben. Die Kapitalgesellschaft entscheidet gemäß Satzungsvorgaben über die operative Geschäftspolitik und legt Preise eigenverantwortlich fest. Der Trägerkörperschaft als Gesellschafterin stehen nur die allgemeinen gesellschaftsrechtlichen Kontrollbefugnisse zu.

---

173 Zu Konzessionen vgl. unten Tz. 5.2.7.4.

174 vgl. Kommentierung zur Unmittelbarkeit im Gemeinnützigkeitsrecht: Klein, § 57 AO Rz. 1; Tipke/Krus, § 57 AO Rz. 2; Hübschmann/Hepp/Spitaler, § 57 AO Rz. 19

Die Kapitalgesellschaft und deren Kunden müssen im Streitfall die Zivilgerichte bemühen.

Die eigenverantwortliche Aufgabenerfüllung einer Kapitalgesellschaft unterscheidet sich von Aufgabenübertragungen an sog. beliehene Unternehmer und Erfüllungsgehilfen. Beim ***beliehenen Unternehmer*** überträgt die Körperschaft des öffentlichen Rechts einem Dritten durch einen Verwaltungsakt aufgrund eines Gesetzes eine hoheitliche Aufgabe, wobei die Trägerkörperschaft aber in der Verantwortung bleibt. Als Beispiele können hier Bezirksschornsteinfeger, der TÜV und öffentlich bestellte Vermessungsingenieure[175] genannt werden. Die beliehenen Unternehmer werden hoheitlich tätig, wesentliche Entscheidungsbefugnisse wie die Festsetzung von Gebühren bleiben der Trägerkörperschaft vorbehalten. Bei Meinungsverschiedenheiten steht dem Bürger dann nicht der Zivilrechtsweg offen, sondern der Verwaltungsrechtsweg.

Noch eingeschränkter wird der ***Erfüllungsgehilfe*** tätig, wie dies im Bereich der Abfall- oder Abwasserentsorgung[176] vorkommt. In diesen Fällen erfüllt die Trägerkörperschaft – mangels einer Rechtsgrundlage zur Übertragung der Aufgabe auf einen Dritten – weiterhin in eigener Verantwortung ihre Aufgaben und schaltet zur Erfüllung der Aufgabe lediglich Dritte ein[177]. Der Erfüllungsgehilfe erbringt gegenüber der Trägerkörperschaft eine Dienstleistung. In diesen Fällen erfüllt der Erfüllungsgehilfe nicht nur eigenwirtschaftliche Aufgaben, sondern dient auch unmittelbar den Interessen der Trägerkörperschaft[178].

---

175 BFH vom 25.01.2005, DStR 2005 S. 651

176 hier übernimmt häufig der Betrieb gewerblicher Art „Wasserversorgung" die Abrechnung und das Inkasso der Abwassergebühren

177 vgl. hierzu BFH vom 28.02.2002, BStBl 2003 II S. 950; BMF-Schreiben vom 10.12.2003, BStBl 2003 I S. 785

178 vgl hierzu BFH-Beschluss vom 27.04.2005, Lexinform Nr. 5000518; Klein, § 55 AO Rz. 2 und 3

5.3.7.2. Gleiche Abgrenzungskriterien bei Einkommensteuer und Umsatzsteuer

Ob ein Leistungsaustausch zwischen Gesellschaft und Gesellschafter vorliegt, ist bisher von der Rechtsprechung vornehmlich für Zwecke der Umsatzsteuer untersucht worden. Ertragsteuerlich findet sich im Außensteuergesetz in § 1 (4) eine Regelung zum Drittvergleich (Grundsatz des Fremdverhaltens), in der präzisiert wird, wann Einkünfte aus Geschäftsbeziehungen vorliegen:

> „Geschäftsbeziehung im Sinne der Absätze 1 und 2 ist jede den Einkünften zugrunde liegende schuldrechtliche Beziehung, die keine gesellschaftsrechtliche Vereinbarung ist ..."

Eine Geschäftsbeziehung ist gegeben, wenn sie auf einer **schuldrechtlichen Beziehung** beruht. Dies gilt unabhängig davon, ob sie durch betriebliche Vorgänge oder gesellschaftsrechtlich (z.B. als eigenkapitalersetzendes Darlehen) veranlasst ist[179]. Keine Geschäftsbeziehung sind die Beziehungen, die das Nahestehen begründen, d.h. die das Verhältnis zwischen Gesellschaft und Gesellschafter regeln, namentlich die Überlassung von Eigenkapital; denn sie erfolgt nicht aufgrund einer schuldrechtlichen, sondern einer gesellschaftsrechtlichen Vereinbarung[180]. Das Gleiche gilt für die Festlegung des Unternehmenszwecks und der Zuweisung bestimmter Aufgaben an die Gesellschaft. Etwas Anderes gilt nur dann, wenn eine schuldrechtliche Vereinbarung in den Gesellschaftsvertrag aufgenommen wird[181].

---

179 BMF vom 14.05.2004, BStBl I Sondernr. 1/2004 Tz. 1.4.2. (Anwendungserlass Außensteuergesetz) unter Hinweis auf BMF-Schreiben vom 17.10.2002, BStBl 2002 I S. 1025)

180 BMF vom 14.05.2004, BStBl I Sondernr. 1/2004, Tz. 1.4.2.

181 BMF vom 14.05.2004, BStBl I Sondernr. 1/2004, Tz. 1.4.2.

Sowohl das Ertragsteuerrecht als auch das Umsatzsteuerrecht grenzen die gesellschaftsrechtliche von der schuldrechtlichen Beziehung ab. Für das Vorliegen einer Geschäftsbeziehung oder eines Leistungsaustausches kommt es darauf an, dass eine schuldrechtliche Beziehung vorliegt. Zur Abgrenzung kann deshalb auf die Rechtsprechung zum Umsatzsteuerrecht zurückgegriffen werden.

5.3.7.3. Umsatzsteuerlicher Leistungsaustausch

Die Umsatzbesteuerung setzt für eine Lieferung oder sonstige Leistung nach § 1 (1) Nr. 1 UStG das Bestehen eines unmittelbaren Zusammenhangs zwischen der erbrachten Leistung und dem empfangenen Gegenwert voraus; der Leistungsempfänger muss identifizierbar sein; er muss einen Vorteil erhalten, der zu einem Verbrauch im Sinne des gemeinsamen Mehrwertsteuerrechts führt[182].

Demnach können Zahlungen der öffentlichen Hand Entgelt für eine steuerbare Leistung sein, wenn der Zahlungsempfänger im Auftrag des Geldgebers für diesen eine Aufgabe übernimmt und die Zahlung damit zusammenhängt. Kein Entgelt liegt hingegen vor, wenn der Zuschuss lediglich der Förderung des Zahlungsempfängers im allgemeinen Interesse dienen soll und nicht der Gegenwert für eine steuerbare Leistung der Gesellschaft an den Geldgeber sein soll. In derartigen Fällen, in denen eine Person des privaten Rechts Aufgaben einer Körperschaft des öffentlichen Rechts übernimmt und im Zusammenhang damit Geldzahlungen erhält, kann je nach den Umständen des Einzelfalles ein Leistungsaustausch zu bejahen oder zu verneinen sein. Als Indiz für die Beurteilung der Frage, ob der Leistende seine Aktivitäten um des Entgelts willen durchführt, dient u.a. der Zweck, den der Zahlende mit der Zahlung verfolgt[183].

---

182 BFH vom 11.04.2002, BStBl 2002 II S. 782 mit weiteren Hinweisen.
183 BFH vom 22.07.1999, BFH/NV 2000 S. 240

Wird eine Gesellschaft gegen konkret vereinbarten Aufwendungsersatz tätig, kann ein Leistungsaustausch vorliegen. Dagegen fehlt es regelmäßig an dem notwendigen Zusammenhang zwischen erbrachter Leistung und erhaltenem Gegenwert, soweit ein Gesellschafter aus Gründen, die im Gesellschaftsverhältnis begründet sind, die Verluste seiner Gesellschaft übernimmt, um ihr die weitere Tätigkeit zu ermöglichen[184].

Wird die Gesellschaft in Verfolgung ihrer satzungsmäßigen Zwecke (z.B. ÖPNV) im allgemeinen Interesse tätig, erbringt sie keine individualisierbare Leistung an ihren Gesellschafter. Der Gesellschafter ist insoweit weder Verbraucher noch erhält er einen sonstigen Vorteil, der am Ende der Unternehmerkette zu einem Verbrauch im Sinne des gemeinsamen Mehrwertsteuerrechts führt. Die Gesellschaft tritt insoweit nicht in konkreten Leistungsaustausch mit ihrem Gesellschafter[185]. Zwar mögen die erbrachten Leistungen der Gesellschaft im Ergebnis auch den Interessen ihrer Gesellschafter entsprochen und diesen genutzt haben. Ein solch unterstellter Nutzen wäre jedoch ein lediglich mittelbarer Reflex, der nicht ausreicht, um eine privat (öffentlich-rechtlich) motivierte Vermögensminderung annehmen zu können[186]. Entsprechend hat der BFH bei der Tourismusförderung entschieden. Die von den Landkreisen, Städten und Verbandsgemeinden gegründete GmbH zur **Tourismusförderung** erbringt den Gesellschaftern keine konkreten Gegenleistungen, auch wenn die Gesellschafter mittelbar vom Tourismus profitieren. Die Leistungen der Gesellschaft kamen

---

184 BFH vom 11.04.2002, BStBl 2002 II S. 782; BFH vom 22.07.1999, BFH/NV 2000 S. 240; BFH vom 25.01.1966, BFH/NV 1996 S. 715

185 BFH vom 11.04.2002, BStBl 2002 II S. 782; Felder in Dötsch/Eversberg/Jost/Pung/Witt, § 4 KStG nF Rz. 72

186 BFH vom 17.11.1999, BFH/NV 2000 S. 1502

primär den „Bewohnern der Region“ (Hotel- und Gaststättengewerbe, Weinbaubetriebe, etc.) zugute[187].

5.3.7.4. Einräumung Konzession / Genehmigung

5.3.7.4.1. Öffentlicher Personennahverkehr

Im Personenbeförderungsgesetz (PBefG) wird gefordert, dass es für die Beförderung von Personen gemäß § 2 PBefG einer Genehmigung bedarf. Die Genehmigung wird dem Unternehmer für einen bestimmten Verkehr (§ 9 PBefG) und für seine Person (natürliche oder juristische Person) erteilt[188]. Dem Antrag auf Erteilung einer Genehmigung sind Unterlagen beizufügen, die ein Urteil über die Zuverlässigkeit des Antragstellers und die Sicherheit und Leistungsfähigkeit des Betriebs ermöglichen[189]. Die Genehmigung darf dabei nur erteilt werden, wenn die Sicherheit und die Leistungsfähigkeit des Betriebs gewährleistet sind, keine Tatsachen vorliegen, die die Unzuverlässigkeit des Antragstellers als Unternehmer oder der für die Führung der Geschäfte bestellten Personen dartun und der Antragsteller als Unternehmer oder die für die Führung der Geschäfte bestellte Person fachlich geeignet ist[190]. Auf der anderen Seite ist die Genehmigung zu versagen, wenn durch den beantragten Verkehr die öffentlichen Verkehrsinteressen beeinträchtigt werden. Dies ist der Fall, wenn der Verkehr mit den vorhandenen Verkehrsmitteln befriedigend bedient werden kann oder der beantragte Verkehr ohne eine wesentliche Verbesserung der Verkehrsbedienung Verkehrsaufgaben übernehmen soll, die vor-

187 BFH vom 26.10.2000, BFH/NV 2001 II S. 494
188 § 3 PBefG
189 § 12 (2) PBefG
190 § 13 (1) PBefG

handende Unternehmer oder Eisenbahnen bereits wahrnehmen[191]. Die Entscheidung über den Antrag ist in einem Bescheid schriftlich zu erteilen[192].

Ein Entgelt oder eine Ausgleichsverpflichtung im eigenwirtschaftlichen Verkehr ist außer in den Fällen der Schülerbeförderung[193] oder des unentgeltlichen Transports von Schwerbehinderten[194] nicht vorgesehen. Wegen der dadurch begründeten fehlenden Entgeltlichkeit bei der Beschaffung von eigenwirtschaftlichen Verkehrsleistungen liegt folglich in aller Regel kein öffentliches Auftragsverhältnis vor, das nach den Regeln des Vergaberechts ausgeschrieben werden muss[195].

Auch steuerlich kann in der erteilten Genehmigung kein Auftragsverhältnis und somit Leistungsaustausch begründet werden, da die Genehmigung insbesondere der Sicherstellung der Zuverlässigkeit des Antragstellers und der Sicherheit und Leistungsfähigkeit des Betriebs dient. Im übrigen sind die Genehmigungsbehörde[196] und der Gesellschafter des Eigengesellschaft überwiegend nicht deckungsgleich.

5.3.7.4.2. Strom- und Gasversorgung, Wasser

Der Abschluss von Konzessionsverträgen ist bei der Energieversorgung durch die leitungsgebundene Versorgung geprägt, die zwangsläufig durch die Verlegung von Leitungen den Grund und Boden Dritter in Anspruch nehmen muss. Daneben wird dem Versorgungsbetrieb das Recht übertragen, die öffentlichen Verkehrs-

---

191 § 13 (2) BPefG

192 § 15 (1) BPefG

193 § 45a BPefG

194 § 148 Sozialgesetzbuch IX

195 Wurzel/Schraml/Becker, Rechtspraxis der kommunalen Unternehmen, S. 373 (H Rz. 216)

196 § 11 BPefG

räume für Versorgungsleitungen zu benutzen[197]. Als Gegenleistung hat das Versorgungsunternehmen Konzessionsabgaben an die Gemeinde zu entrichten. Nach § 1 (2) KAV sind Konzessionsabgaben von Energieversorgungsunternehmen[198] Entgelte für die Einräumung des Rechts zur Benutzung öffentlicher Verkehrswege für die Verlegung und den Betrieb von Leitungen, die der unmittelbaren Versorgung von Letztverbrauchern im Gemeindegebiet mit Strom und Gas dienen. Mit der Konzessionsabgabe wird das Entgelt für die Einräumung des Rechts zur Durchführung der Energieversorgung abschließend geregelt. Die Gemeinde darf für die Erteilung der Konzession kein höheres Entgelt verlangen, als nach der KAV vorgegeben wird[199].

Aus den Regelungen zur Konzessionsabgabenverordnung kann abgeleitet werden, dass kein Leistungsaustausch dergestalt vorliegt, dass das Versorgungsunternehmen eine Aufgabe der Kommune übernimmt und dafür einen Anspruch auf Entgelt in Form der anfallenden Gewinne hat. Wäre dem so, dann würde sogar umsatzsteuerlich eine sonstige Leistung des Versorgungsunternehmens vorliegen, deren Entgelt der – letztlich von der Kommune überlassene – Gewinnanspruch in Form des erzielten Gewinns wäre.

5.3.8. Trägerkörperschaft trägt immer die Verluste

Die Annahme, die Erfüllung der von einer Trägerkörperschaft im Rahmen der Daseinsfürsorge zu erfüllenden Aufgaben im Rahmen eines Betriebes gewerblicher Art führe bei der Trägerkörperschaft zu einem Vorteil, da sich die Trägerkörperschaft durch das Tätig-

---

197 Immesberger, Recht der Konzessionabgaben, I-2

198 für Wasser gilt noch die Anordnung über die Zulässigkeit von Konzessionsabgaben vom 04.03.1941 (KAE)

199 § 2 (2) KAV: die angegebenen Beträge sind Höchstbeträge

werden des BgA andernfalls entstehenden Aufwand erspare[200], erscheint konstruiert und lässt sich in der tatsächlichen Geschäftabwicklung auch nicht belegen. Eine Ersparnis für die Trägerkörperschaft ist –außer dem durch die Rechtsprechung in die Diskussion gebrachten Gewinnzuschlag und der sich aus dem Querverbund ergebenden Steuerersparnis- nicht ersichtlich. Dies gilt sowohl bei einer Eigengesellschaft als auch bei einem Betrieb gewerblicher Art. Bei einem BgA ist dieser sogar identisch mit der Trägerkörperschaft, da ein BgA keine eigene Rechtspersönlichkeit hat. Bei einem BgA geht es bildlich gesprochen um „linke Tasche, rechte Tasche".

5.3.8.1. Verluste finanziert immer Trägerkörperschaft

Die Trägerkörperschaft stellt tatsächlich die Finanzierung der dauerdefizitären Gesellschaft sicher. Die Trägerkörperschaft muss den Verlust des Betriebes gewerblicher Art oder der Eigengesellschaft **aus eigenen Haushaltsmitteln** ausgleichen. Dies geschieht entweder durch unmittelbare Geldzahlungen der Trägerkörperschaft an die Eigengesellschaft oder dadurch, dass ertragbringende Vermögenswerte unmittelbar dem kommunalen Betrieb als regelmäßig gewillkürtes Betriebsvermögen zugeordnet werden. Durch die Zuordnung dieser Vermögenswerte verzichtet die Trägerkörperschaft zugunsten der betrieblichen Einheit auf eigene Einnahmen. Das ist einerseits faktisch eine Verkürzung des Zahlungsweges und dient zum anderen auch der Sicherstellung, dass die für den defizitären Betrieb benötigten Geldmittel bei Vereinnahmung im allgemeinen Haushalt nicht anderweitig ausgegeben werden. Da die Trägerkörperschaft den Finanzbedarf des defizitären Betriebs zur Verfügung stellt und damit die Zahlungsfähigkeit der Gesellschaft sicherstellen muss, reicht es regelmäßig nicht aus, nur den ausgewiesenen bilan-

200 BFH-Beschluss vom 25.01.2005, DB 2005 S. 1089

ziellen Verlust auszugleichen. Zusätzlich müssen die Gelder für getätigte Investitionen bereit gestellt werden, so dass die von der Trägerkörperschaft dem Betrieb zur Verfügung zu stellende Gelder regelmäßig höher sind als die ausgewiesenen bilanzierten Verluste. Würde sich die Trägerkörperschaft tatsächlich diese Aufwendungen ersparen, wie in einigen Urteilen aus jüngerer Zeit anklingt, wäre der Konkurs der Eigengesellschaften unabwendbar.

Dass die Trägerkörperschaften die Verluste auch tatsächlich tragen müssen, wird selbst von der Finanzverwaltung nicht in Frage gestellt. So hält die Verwaltung in den zur steuerlichen Beurteilung von dauerdefizitären Betrieben ergangenen Erlasse und Verfügungen ausdrücklich fest, dass die Verluste von den Trägerkörperschaften getragen werden:

- „... Ob die **Übernahme des Verlustes** durch die Gemeinde ein Ertragzuschuss oder eine gesellschaftsrechtliche Einlage ist, kann nur nach den Verhältnissen des Einzelfalles entschieden werden.[201]“
- „... Die Trägergemeinden **übernehmen** in solchen Fällen vielfach die Verluste, die auf andere Weise nicht gedeckt werden können[202] ...“
- „... Dauerverluste erwirtschaften und diese von dem Besitzunternehmen durch **Ertragzuschüsse** (Betriebsausgabe) oder gesellschaftsrechtliche **Einlagen** (in Verbindung mit Teilwertabschreibungen auf die Beteiligung) übernommen werden[203] ...“
- „... den von dieser nach steuerrechtlichen Vorschriften ermittelten Verlust auch bei Geltung der EU-VO auf gesellschafts-

201 BMF vom 15. 06. 1978; koordinierter Ländererlass des Hessischen Ministers der Finanzen vom 10. 04. 1980, Lexinform Nr. 54444

202 koordinierter Ländererlass des Hessischen Ministers für Finanzen vom 10.04.1980, Lexinform Nr. 54444

203 FinMin NRW vom 11.03.1993, Lexinform-Nr. 106760

rechtlicher Basis wirtschaftlich durch (steuerneutrale) **Einlagen** ausgleichen kann[204] ..."

- „... Auch wenn die Gemeinde die Verluste wirtschaftlich trägt (im Fall der Eigengesellschaft durch Einlagen)[205] ..."

Von der wirtschaftlichen Tragung der Verluste durch die Trägerkörperschaften ist zu unterscheiden, wie der Vermögenstransfer bilanziell darzustellen ist. Erfolgt der Vermögenstransfer auf schuldrechtlicher Grundlage (Ertragszuschüsse, Verlustausgleich), ist der Geldeingang bei der Eigengesellschaft erfolgswirksam auszuweisen. Erfolgt der Vermögenstransfer hingegen auf gesellschaftsrechtlicher Grundlage, liegt **steuerlich** eine Einlage vor und zwar auch dann, wenn **handelsrechtlich** zur Darstellung der Eigenwirtschaftlichkeit die Gesellschaftereinlage erfolgswirksam ausgewiesen wird.

Zwischenergebnis

Die Trägerkörperschaft trägt immer die Verluste der defizitären Betriebe. Damit kann sich bei der Trägerkörperschaft auch kein objektiv zurechenbarer Vorteil i. S. von § 20 EStG ergeben, womit alleine aus diesem Grund schon die Annahme einer verdeckten Gewinnausschüttung ausscheidet[206].

5.3.8.2. Gewinnzuschlag

Das Ableiten einer Ersparnis beim Gesellschafter aus einem nicht bezahlten **Gewinnzuschlag** setzt zunächst voraus, dass ein schuld-

---

204 Parlamentarischer Staatssekretär beim BMF Dr. Grünewald mit Schreiben vom 14.07.1994, VKU-Nachrichtendienst 1994 S. 10

205 Verfügung der OFD Hannover vom 25.01.1995, Lexinform-Nr. 124410

206 BFH vom 07.08.2002, BStBl 2004 S. 131; BFH-Beschluss vom 25.01.2005, DB 2005 S. 1089

rechtlicher Finanzausgleich zu vereinbaren ist. Und wenn schon schuldrechtlich eine Vereinbarung zu erfolgen hat, dann muss selbstverständlich auch ein Gewinnzuschlag gezahlt werden. Damit wird aber unterstellt, dass jeder Betrieb einen bestimmten Sollgewinn zu erzielen hat. Der BFH[207] hat jedoch ausdrücklich festgestellt, dass § 8 (3) Satz 2 KStG keine allgemeine Ermächtigung zur pauschalen Einkommenskorrektur nach branchendurchschnittlichen Gewinnvorgaben beinhaltet. Kein ordentlicher und gewissenhafter Geschäftsleiter wird einem Dienstleister, dem bereits die anfallende Kostenunterdeckung ausgeglichen werden muss, neben einem Geschäftsführergehalt bzw. Unternehmerlohn auch noch ein zusätzliches Entgelt in Form eines Gewinnzuschlags bezahlen[208].

Dass ein Gewinnzuschlag bei Non-Profit-Gesellschaften nicht sachgerecht ist, wird vom BFH letztendlich wohl auch so gesehen, wenn er feststellt, dass eine verdeckte Gewinnausschüttung nur dann nicht vorliege, wenn bei einer Kapitalgesellschaft aufgrund einer gesetzlichen Regelung das **Kostendeckungsprinzip** vorgegeben ist und damit die Erzielung von Gewinnen ausgeschlossen ist[209]. Diese Aussage kann isoliert betrachtet nicht überzeugen, da das Kostendeckungsprinzip der länderspezifischen Kommunalabgabengesetze[210], wenn die Marktlage die höchstmögliche Kostenumwälzung zulassen würde, im Regelfall zum Ausweis eines handels- und steuerrechtlichen Gewinns führt. Dies ist zwangläufig der Fall, wenn neben den laufenden Kosten zulässigerweise auch kalkulatorische Kosten wie das allgemeine Unternehmenswagnis oder

207 BFH vom 17.11.1999, BFH/NV 2000 S. 1502

208 vgl. hierzu auch nachfolgende Tz. 5.3.9.

209 BFH vom 29.03.2000, BStBl 2000 II S. 496; FG Köln vom 23.06.2004, EFG 2004 S. 1714 (Nichtzulassungs-beschwerde eingelegt, AZ des BFH V B 194/04)

210 vgl. § 5 KAG-LSA, Art. 8 KAG-Bayern, § 8 KAG-Rh.-Pfalz

eine angemessene Eigenkapitalverzinsung[211] weiterberechnet werden. Dabei ist es wirtschaftlich ohne Bedeutung, ob der bilanzielle Gewinn durch weiterbelastete kalkulatorische Kosten oder einen Gewinnzuschlag entsteht, da es auf die Bezeichnung nicht ankommen kann.

Zu recht führt der BFH dann aber aus, dass bei Ausübung des satzungsgemäßen Unternehmenszwecks aufgrund der kommunal- und wasserrechtlichen Vorgaben die Situation bei Tätigkeiten der Daseinsvorsorge eine andere als bei einem „normalen" Unternehmen in der Rechtsform einer GmbH ist. Ein ordentlicher und gewissenhafter Geschäftsleiter würde unter diesen Umständen ebenfalls auf einen Gewinnzuschlag verzichten. Diese Aussage kann unbesehen auch auf andere Tätigkeiten wie dem ÖPNV oder dem Bäderbetrieb übertragen werden, da auch bei diesen Tätigkeiten das kommunalrechtliche **Kostendeckungsprinzip** gilt.

Zwischenergebnis

Ein Gewinnzuschlag bei dauerdefizitären Betrieben kann nicht gefordert werden. Die von Unternehmen der öffentlichen Hand durchgeführten Tätigkeiten der Daseinsvorsorge unterliegen im übrigen auch dem kommunalrechtlichen Kostendeckungsprinzip.

5.3.8.3. Steuerersparnis

Die **Steuerersparnis** aus der Ergebniszusammenfassung im Querverbund ist wiederum Folge der gewählten Organisationsstruktur und kann damit nicht auf das Gesellschaftsverhältnis zurückgeführt werden. Aus der erzielten Steuerersparnis lässt sich auch keine pri-

211 warum der BFH in Urteil vom 29.03.2000, BStBl 2000 II S. 496 zwischen unschädlichen kalkulatorischen Kosten und einem schädlichen Gewinnzuschlag unterscheidet, ist nicht nachvollziehbar. Gewinn bleibt Gewinn.

vate Motivation ableiten, da die Tätigkeiten nicht aus Gründen der Steuerersparnis verfolgt werden[212].

5.3.9. Der ordentliche und gewissenhafte Geschäftsleiter

Nach ständiger Rechtsprechung wird der ordentliche und gewissenhafte Geschäftsleiter des leistenden Unternehmens seinerseits nicht ohne weiteres bereit sein, einen wirtschaftlichen Vorteil ganz oder teilweise unentgeltlich abzugeben. Er wird vielmehr versuchen, bei den Preisvereinbarungen das für die von ihm vertretene Kapitalgesellschaft Maximale zu erreichen und – neben einem angemessenen Gewinnaufschlag- eine Deckung seiner Vollkosten durchzusetzen. Um dieses Ziel zu erreichen, kommt es darauf an, wie stark seine Position gegenüber dem Vertragspartner und wie groß dessen Interesse daran ist, das ihm Angebotene anzunehmen, obwohl die Inanspruchnahme alternativer Möglichkeiten ggf. kostengünstiger wäre. Es ist Aufgabe des **Fremdvergleichs**, diesem Interessengegensatz unter den konkreten Gegebenheiten des zu beurteilenden Sachverhaltes nachzugehen[213].

Unter Berücksichtigung des Verhaltens eines ordentlichen und gewissenhaften Geschäftsleiters liegt dann **regelmäßig eine verhinderte Vermögensmehrung** vor, wenn er eine bestehende Geschäftschance gegenüber seinem Gesellschafter nicht wahrnimmt. Dieser würde für die Kapitalgesellschaft lt. BFH eine Verlusttätigkeit nicht ohne die Vereinbarung eines Aufwendungsersatzes zuzüglich eines angemessenen Gewinnaufschlags übernehmen[214].

---

212 Vgl. im übrigen oben die Aussagen zum nicht vorliegenden Gestaltungsmissbrauch i.S.d. § 42 AO

213 BFH vom 28.01.2004, BFH/NV 2004 S. 736

214 BFH vom 02.02.1994, BStBl 1994 II S. 479

Die von der Rechtsprechung aufgestellten Grundsätze sind natürlich alle für sich betrachtet nachvollziehbar und im Normalfall eines gewerblichen Unternehmens auch einschlägig. Den Besonderheiten von dauerdefizitären Unternehmen der öffentlichen Hand werden sie aber nicht gerecht.

Jeder ordentliche und gewissenhafte Geschäftsleiter wird ohne Bedenken eine Position in einer Eigengesellschaft der Daseinsfürsorge übernehmen, auch wenn die Gesellschaft dauerdefizitär arbeitet. Den ordentlichen und gewissenhaften Geschäftsleiter darf man nicht nur an einem unbegrenzten Gewinnstreben ohne Wenn und Aber ausrichten. Das von der Steuerrechtsprechung aufgestellte oberste Primat des Gewinnstrebens[215] entspricht insoweit nicht dem tatsächlich vorzufindenden Geschäftsleben. Ein kurzer Blick in die gesellschaftsrechtliche Kommentierung der § 43 GmbHG und § 93 AktG lässt einen vergeblich nach Ausführungen zum absoluten Gewinnstreben suchen[216].

Der Geschäftsführer/Vorstand hat die Sorgfalt eines ordentlichen und gewissenhaften Geschäftsleiters zu beachten. Diese wird beschrieben als ein Standard, der bei einem Verwalter fremden Vermögens bzw. einem selbständigen treuhänderischen Vermögensverwalter anzulegen ist[217]. Der Geschäftsleiter handelt in eigener Verantwortung, jedoch in den Grenzen, die ihm durch Satzung, durch die Geschäftsordnung und durch die Zuständigkeit der anderen Organe gezogen sind. Er hat seine Tätigkeit in erster Linie am Unternehmensinteresse auszurichten, vor allem für den dauerhaften Bestand und Erfolg des Unternehmens zu sorgen und die sich bietenden Geschäftschancen zugunsten des Unternehmens (nicht für

215 FG Köln vom 23.06.2004, EFG 2004 S. 1714, nrkr.

216 Lutter-Hommelhoff,, § 43 GmbHG; Fuhrmann im GmbH-Handbuch; Hüffer, § 93 AktG

217 Fuhrmann in GmbH-Handbuch I Rz. 2447

eigene Zwecke des Vorstands[218]) wahrzunehmen. Bei **erwerbswirtschaftlichen** Unternehmen gehört dazu auch, eine angemessene Rentabilität des im Unternehmen investierten Kapitals sicherzustellen. Das bedeutet jedoch nicht Gewinnmaximierung, da in der sozialen Marktwirtschaft zahlreiche andere Ziele gleichrangig daneben treten. Darüber hinaus hat er die Belange der Allgemeinheit zu beachten[219].

Nach Döllerer wäre eine zeitgemäßere Formulierung „die Sorgfalt des pflichtbewussten Unternehmers“[220]; er erläutert dies wie folgt:

> „Aus dieser Sorgfaltspflicht wird die Rechtspflicht abgeleitet, den Vorteil der Gesellschaft zu wahren und Schaden von ihr abzuwenden. Diese Formel, Vorteilswahrung und Schadensabwendung, darf aber nicht abstrakt in der Weise interpretiert werden, dass jeder Aufwand ein Schaden, jeder Gewinn oder unterlassene Aufwand dagegen einen Vorteil der Gesellschaft darstellt. Denn der Geschäftsführer ist
>
> - zum einen an das Unternehmensziel, an den Gegenstand des Unternehmens und an das Unternehmensinteresse, das von den Gesellschaftern festgelegt wird, und
> - zum anderen an das Gesetz
>
> gebunden.“[221]

Im Normalfall einer gewerblichen Betätigung wird die Gewinnmaximierung eines der Leitmotive sein, die Grundsätze der gewinnorientierten Privatwirtschaft sind jedoch nicht ohne weiteres auf die speziellen Aufgaben und die vorgegebenen gesellschaftspolitischen Rahmenbedingungen und Marktstrukturen der Betriebe ge-

218 Raiser, in: Recht der Kapitalgesellschaften, 2. Auflage, S. 110

219 Raiser, in: Recht der Kapitalgesellschaften, 2. Auflage, S. 86 und 89f

220 Döllerer, Beilage 11/1993 zum Der Betrieb, S. 10 unter Hinweis auf Westermann (dort FN 62)

221 Döllerer, Beilage 11/1993 zum Der Betrieb, S. 10

werblicher Art übertragbar[222]. Danach wird ein ordentlicher und gewissenhafter Geschäftsleiter die Position eines Geschäftsführers in einer dauerdefizitären Gesellschaft antreten, wenn der von der juristischen Person des öffentlichen Rechts als Gesellschafter vorgegebene Rahmen

- sich im Rahmen der bestehenden Rechtsordnung bewegt,
- sichergestellt ist, dass die gesetzlichen Pflichten nach AktG bzw. GmbHG z.B. zur Kapitalerhaltung eingehalten werden können,
- der dauerhafte Bestand der Gesellschaft gesichert erscheint,
- dem Geschäftsführer aus seiner Tätigkeit keine Haftung insbesondere nach § 43 GmbHG bzw. 93 AktG droht,
- vom Gesellschafter realisierbare Unternehmensziele vorgegeben werden (z.B. Erreichen bestimmter Gewinngrößen oder auch Kostendeckungsquoten, Begrenzung der Ausgaben) und
- seine persönlichen Vorstellungen (persönliches Gehalt, persönliche Verwirklichung, soziales Standing) erfüllt werden.

Ein potentieller Geschäftsführer wird auf keinen Fall seine Bestellung davon abhängig machen, dass für dauerdefizitäre Betriebsteile eine verbindliche schuldrechtliche Verlustübernahme mit Gewinnzuschlag vom Gesellschafter zugesagt wird. In der Praxis stellt der ordentliche und gewissenhafte Geschäftsleiter vor Beginn jedes Wirtschaftsjahres einen Wirtschafts- und Erfolgsplan auf, den er mit seinem Gesellschafter abstimmt und sich genehmigen lässt. In diesen Wirtschafts- und Erfolgsplan wird dann auch festgehalten, wie der anfallende Verlust finanziert wird[223]. Mit Verabschiedung des Wirtschafts- und Erfolgsplans hat der Geschäftsleiter die notwendige Sicherheit, dass er den Betrieb trotz der anfallenden

222 Ellerich/Schulte, DB 2005 S. 1138; Wallenhorst, DStZ 2004 S. 711

223 zur Aufstellung eines Wirtschaftsplans sind Eigenbetriebe gesetzlich verpflichtet, z.B. § 13 Eigenbetriebsverordnung Bayern; bei Kapitalgesellschaften wird die Verpflichtung regelmäßig in die Satzung aufgenommen

Verluste durch den Finanzierungsbeitrag seines Gesellschafters fortführen kann.

Das Handeln eines ordentlichen und gewissenhaften Geschäftsleiters muss auf die konkrete Situation abgestellt werden. Der vorgegebene Gesellschaftszweck und das spezifische Marktumfeld prägt auch das Verhalten eines ordentlichen und gewissenhaften Geschäftsleiters[224] In der hier konkret zu beurteilenden Situation wird der Geschäftsleiter mit einer bestehenden Situation konfrontiert. Der Organisationsakt ist bereits entschieden. Der sich bewerbende Geschäftsleiter kann die vom Gesellschafter entschiedene Organisationsstruktur und Finanzierung der Gesellschaft akzeptieren oder ablehnen. Auf keinen Fall hat er ein Verhandlungsmandat darüber, ob der Querverbund so in der Kapitalgesellschaft betrieben werden soll, geschweige denn zu welchen Konditionen. Hier tätigt der Geschäftsleiter kein Geschäft, er bekommt den gesellschaftsrechtlichen Rahmen vorgegeben. Damit steht ihm auch keine irgendwie geartete Geschäftschance offen, auf die er zugunsten des Gesellschafters verzichten könnte.

Die Praxis zeigt auch, dass das Interesse an der Besetzung von Geschäftsführerpositionen für Stadtwerke sehr groß ist. Die Stellenausschreibungen führen immer zu einer großen Zahl hochqualifizierter Bewerber aus dem gesamten Spektrum der Wirtschaft, aus denen das zuständige Organ der Gesellschaft die Position des Geschäftsführers besetzen kann. Und den Bewerbern sind selbstverständlich die vorgegebenen Rahmenbedingungen bekannt. Eine Nachfrage bei den Verbänden der kommunalen Wirtschaft hat ergeben, dass durch die Geschäftsleiter ein schuldrechtlicher Verlustausgleich mit Gewinnzuschlag nicht gefordert wird. Das ist und kann auch kein Diskussionsgegenstand zwischen Geschäftsleitung und Gesellschaftern sein. Auch geht die Geschäftsführung dadurch kein Haftungsrisiko ein.

224 Prinz, StBJb. 1997/98 S. 97 (107)

In diesem Zusammenhang ist auf einen ganz wesentlichen Aspekt hinzuweisen. Für den Gesellschafter stellt die Finanzierung der Gesellschaft ein elementares und wirksames Steuerungsinstrument und Druckmittel gegenüber der Geschäftsführung zur Umsetzung von Unternehmenszielen dar.

Dieses Steuerungsinstrument würde der Gesellschafter leichtfertig aus der Hand geben, wenn er der Geschäftsleitung durch solch eine Verlustausgleichsgarantie samt Gewinnzuschlag eine komfortable risikofreie Position anbieten würde. Die Ausgliederung von Defizitbetrieben in Kapitalgesellschaften dient häufig auch dazu, auf Dauer gesehen die Verluste abzubauen. Damit einhergehende Strukturmaßnahmen erfordern teilweise äußerst unangenehme Entscheidungen. Sagt der Gesellschafter seinem Geschäftsführer von vornherein den Ausgleich aller Ausgaben zu, besteht die Gefahr, dass die Geschäftsführung unangenehme Entscheidungen zur Ausgabenreduzierung oder Einnahmenerhöhung letztlich zu Lasten des Gesellschafters nicht oder zu zögerlich angeht.

Der Geschäftsführer befindet sich bei z.B. schlechterem Geschäftsverlauf als geplant bei gesellschaftsrechtlicher Finanzierung in der dann unangenehmeren Position, dass er nicht nur das Ergebnis erläutern muss, sondern zusätzlich den Gesellschafter um ergänzende Finanzmittel bitten muss.

Schlussendlich sei auch noch darauf hingewiesen, dass bei kommunalen Eigengesellschaften nach dem Gesetz über die Grundsätze des Haushaltsrechts des Bundes und der Länder (Haushaltsgrundsätzegesetz – HGrG) gemäß § 53 HGrG im Rahmen der Abschlussprüfung auch die **Ordnungsmäßigkeit der Geschäftsführung** sowie die wirtschaftlichen Verhältnisse geprüft wird. Die Prüfung erfolgt durch unabhängige Wirtschaftsprüfer und wird anhand eines umfangreichen Fragenkatalogs mit 21 Fragenkreisen gemäß dem IDW Prüfungsstandard IDW PS 720[225] durchgeführt. Würde der

225 WpG 2000 S. 326

Geschäftsleiter nicht ordentlich und gewissenhaft seinen Verpflichtungen nachkommen, würde das im Prüfbericht nach § 53 HGrG festgehalten werden.

Zwischenergebnis

Festzuhalten bleibt, dass der Geschäftsführer auf den Organisationsakt regelmäßig keinerlei Einfluss hat. Der Organisationsakt bleibt dem Gesellschafter vorbehalten. Es wird beim Organisationsakt kein Geschäft zwischen Gesellschaft und Gesellschafter vereinbart, womit sich der Gesellschaft auch keine verhandelbare Geschäftschance auftut. Demzufolge kann sich auch nicht die Frage nach einem angemessenen Entgelt für die eigenverantwortliche Unternehmensführung stellen. Zur Unternehmensführung hat die Geschäftsleitung die bestehenden Finanzmittel der Gesellschaft zur Verfügung. Und letztendlich ist die gesellschaftsrechtliche Finanzierung üblich und die Geschäftsleitung bewegt sich innerhalb des gesetzlichen Rahmens und verstößt nicht gegen das Unternehmensinteresse. Damit geht der Geschäftsleiter auch kein Haftungsrisiko gegenüber den Gesellschaftern ein (§ 43 GmbHG, § 93 AktG).

Ein ordentlicher und gewissenhafter Geschäftsleiter ist gerne bei einem dauerdefizitären kommunalen Querverbund tätig, auch wenn der Gesellschafter nur auf gesellschaftsrechtlicher Basis die Finanzierung der Gesellschaft sicherstellt.

5.3.10. Der Fremdvergleich

5.3.10.1. Vergleich mit kommunalen Gesellschaften

In Deutschland ist die Endverteilung in der Energieversorgung noch weitestgehend kommunal geprägt, auch wenn mittlerweile eine breite Tendenz zumindest zur Teilprivatisierung besteht. Das Gleiche gilt für den öffentlichen Personennahverkehr. Danach hat der Verband kommunaler Unternehmen e.V. (VKU) 723 Mitgliedsunternehmen, die als Stadtwerke in der Strom- und/oder Gasversorgung tätig sind. Von diesen Stadtwerken werden 140 in der öffentlich-rechtlichen Rechtsform geführt (107 Eigenbetriebe, ein Zweckverband, 32 Anstalten des öffentlichen Rechts). Die verbleibenden 551 Mitgliedsunternehmen werden als Kapitalgesellschaften (497 GmbH's, 54 AG's) geführt.

Ein großer Teil dieser als Stadtwerke geführten kommunalen Versorgungsunternehmen sind im Querverbund (als Einheitsunternehmen oder aber über Holdingskonstruktionen) mit Verkehrs- und Bäderbetrieben verbunden. Bei den großen Stadtwerken sind meistens Verkehrsbetriebe (ÖPNV) als der derzeit größte Verlustbringer eingebunden. Daneben sind bei ca. 250 Mitgliedsunternehmen Bäderbetriebe im steuerlichen Querverbund integriert. Eine Zusammenfassung mit anderen Betriebsarten wie Industriegleise oder Hafenbetriebe ist weniger häufig anzutreffen.

Die Finanzierung der Stadtwerke-Kapitalgesellschaften ist bisher bundesweit noch nicht untersucht worden. Eine grobe Auswertung hat ergeben, dass nahezu alle Kommunen ihre Stadtwerke bei Liquiditätsbedarf gesellschaftsrechtlich (auch über verdeckte Einlagen) oder mit Unternehmensverträgen (Ergebnisabführungsvertrag) finanzieren. Schuldrechtliche Finanzierungsformen spielen nur eine untergeordnete Rolle. Danach ist den Verbänden **kein einziges** Stadtwerk bekannt, das neben einem schuldrechtlichen Ergebnisausgleich seinem defizitären Stadtwerk auch noch einen Gewinnzuschlag auf den Verlustausgleich gewährt. Dies gilt sowohl bei den in der Rechtsform als Kapitalgesellschaft organisierten Betrieben als auch bei der öffentlich-rechtlichen Rechtsform des Betriebes gewerblicher Art.

Die bereits seit über einem Jahrhundert gewachsenen Strukturen der kommunalen Stadtwerke kennen die von der Rechtsprechung in die Diskussion eingebrachte Finanzierungsform des schuldrechtlichen Ausgleichs von Verlusten mit Gewinnzuschlag nicht. Die kommunalen Stadtwerke werden bundesweit überwiegend im Wege der gesellschaftsrechtlichen Finanzierung mit Liquidität versorgt.

Zwischenergebnis

Unter dem Gesichtspunkt des Fremdvergleichs ist danach der gesellschaftsrechtlichen Finanzierung der Vorzug zu geben. Aus der Wahl dieser Finanzierungsform kann demnach auch keine verdeckte Gewinnausschüttung abgeleitet werden.

5.3.10.2. Vergleich mit privatisierten Gesellschaften

Um von den Dauerverlusten wegzukommen, werden zum Teil ganze Betriebe (z.B. Bäder) oder Teilbereiche (z.B. einzelne Buslinien) privaten Betreibern übertragen bzw. verpachtet. Regelmäßig haben die Kommunen dann neben evtl. Investitionszuschüssen (regelmäßig wird das Anlagevermögen jedoch verpachtet) vor allem preisauffüllende Betriebskostenzuschüsse zugesagt, die oft auch degressiv über einen längeren Zeitraum ausgestaltet sind. Gewinnzuschläge auf die Betriebskostenzuschüssen werden regelmäßig nicht zugesagt.

Die Finanzierung der privaten Betreiber ist jedoch kein geeigneter Vergleichsmaßstab. Mangels gesellschaftsrechtlicher Beteiligung an den privaten Betreibern ist den Kommunen eine gesellschaftsrechtliche Finanzierung nicht möglich, es bleibt hier nur der schuldrechtliche Weg. Insoweit besteht keine Dispositionsmöglichkeit und damit auch keine Vergleichbarkeit.

5.3.11. vGA regelmäßig nur bei schuldrechtlichen Rechtsgeschäften

Soweit ersichtlich wurden in der bisherigen Rechtsprechung aus dem Organisationsakt keine verdeckten Gewinnausschüttungen abgeleitet. Aufhänger für die Annahme einer vGA bei Non-Profit-Gesellschaften waren bisher immer nur Leistungsbeziehungen im Rahmen des laufenden Geschäftsverkehrs, aus denen dem Gesellschafter konkret bestimmte Leistungen erbracht worden sind. So hat ein zwischen Gesellschaft und Gesellschafter dazwischen geschalteter eingetragener Verein satzungsgemäß die Aufgabe gehabt, den **Einkauf** für die Gesellschafter zu bündeln und die Zahlungsabwicklung zwischen Gesellschafter und Lieferanten abzuwickeln[226]. Das dabei erzielte Mehrskonto wurde an die Gesellschafter weitergeleitet, worin der BFH eine vGA sah. Wird hingegen **allgemeine Absatzförderung** durch die Gesellschaft für bestimmte Märkte betrieben, liegt kein konkreter, individualisierbarer Leistungsaustausch vor. Zwar mögen die erbrachten Fördermaßnahmen im Ergebnis auch den Interessen ihrer Gesellschafter entsprochen und diesen genutzt haben. Ein solch unterstellter Nutzen wäre jedoch ein lediglich mittelbarer Reflex, der nicht ausreicht, um eine gesellschaftlich motivierte Vermögensminderung annehmen zu können[227]. Danach wurden verdeckte Gewinnausschüttungen im Verhältnis eines Betriebes gewerblicher Art/Kapitalgesellschaft zu ihrem öffentlich-rechtlichem Gesellschafter **ausschließlich aus schuldrechtlichen Vereinbarungen** abgeleitet, bei denen die zu Lasten der Gesellschaft getroffenen Vereinbarungen einem Fremdvergleich nicht standhielten bzw. klare und im voraus getroffene Vereinbarungen fehlten:

---

226 BFH vom 19.03.1975, BStBl 1975 II S. 722; BFH vom 02.02.1994, BStBl 1994 II S. 479

227 BFH vom 17.11.1999, BFH/NV 2000 II S. 1502

- Weitergabe von Hebedaten aus dem betrieblichen Bereich unter Kosten an den hoheitlichen Abwasserbereich[228]
- Werden Wirtschaftsgüter, die Betriebsvermögen eines Betriebs gewerblicher Art sind, ohne entsprechende Gegenleistung in den Hoheitsbereich der Trägerkörperschaft überführt, ist dies nicht als Entnahme, sondern als Gewinnausschüttung zu beurteilen[229]
- Entgelte für die Sondernutzung öffentlicher Straßenflächen durch Marktveranstaltungen, mit denen eine Gemeinde ihren Marktbetrieb belastet, mindern nicht den Gewinn des Marktbetriebs[230]
- Leistungen (Bezug von Strom und Wärme eines Klärwerks von den Stadtwerken), die im Rahmen des Betriebs gewerblicher Art gegenüber der Trägerkörperschaft zu deren hoheitlichen Zwekken erbracht werden, erfordern ein im Geschäftsverkehr übliches Entgelt[231]
- Einkaufs-GmbH zahlte an ihre Innungsmitglieder (Innung ist eine Körperschaft des öffentlichen Rechts) den erzielten Gewinn in Form von Rückvergütungen aus, ohne dass eine dies regelnde Vereinbarung vorlag[232]
- Übernahme der Gutachterkosten durch eine Tochtergesellschaft der Treuhandanstalt zur Ermittlung ihres Unternehmenswerts, das der Vorbereitung der eigenen Veräußerung diente ohne dass ein Vorteil aus der Gutachtenerstellung für die Gesellschaft erkennbar war[233]
- Zinsen für ein Darlehen, das eine Trägerkörperschaft einem Betrieb gewerblicher Art gewährt, führen insoweit zu einer ver-

---

228 BFH vom 28.01.2004, BFH/NV 2004 S. 736; BFH vom 10.07.1996, BStBl 1997 II S. 230

229 BFH vom 28.11.2000, BStBl 2003 II S. 412

230 BFH vom 17.05.2000, BStBl 2001 II S. 558

231 BFH vom 27.06.2001, BStBl 2001 II S. 773

232 BFH vom 02.02.1994, BStBl 1994 II S. 479

233 BFH vom 17.05.2000, BStBl 2000 II S. 480

deckten Gewinnausschüttung, als die Darlehensmittel eine unzureichende Eigenkapitalausstattung des Betriebs ausgleichen[234]

- Miet- bzw. Pachtverträge zwischen der Trägerkörperschaft und dem Betrieb gewerblicher Art über wesentliche Betriebsgrundlagen dürfen nicht der Besteuerung zugrunde gelegt werden [235]
- Soweit eine höhere als die nach der Konzessionsabgabenverordnung zulässige Konzessionsabgabe gezahlt wird, liegt eine verdeckte Gewinnausschüttung vor[236]
- Die schuldrechtlich vereinbarte Verwaltung einer Immobilie des Gesellschafters mit bloßer Kostenerstattung ohne Vereinbarung eines Gewinnzuschlags führt zu einer verdeckten Gewinnausschüttung[237]
- Erledigung des Einkaufs für den Gesellschafter, da hier die (echte oder unechte) Einkaufsgesellschaft laufend konkrete einzeln zuordenbare Dienstleistungen laufend für den Gesellschafter vornimmt[238]. Das gilt auch, wenn zwischen Gesellschafter und GmbH ein eingetragener Verein dazwischen geschaltet wird[239].

5.3.12. Keine zivilrechtliche Ausgleichsverpflichtung von Fehlbeträgen/Verlusten durch Gesellschafter

Eine Kapitalgesellschaft ist ein selbständiges Rechtssubjekt und hat eine eigene Rechtsfähigkeit[240]. Für die Verbindlichkeiten einer Kapitalgesellschaft gegenüber deren Gläubigern haftet nur das Gesell-

234 BFH vom 09.07.2003, BStBl 2004 II S. 425
235 BFH vom 14.03.1984, BStBl 1984 II S. 496
236 BFH vom 31.07.1990, BStBl 1991 II S. 315
237 FG Köln vom 23.06.2004, EFG 2004 S. 1715 (NZB, BFH V B 194/04)
238 BFH vom 18.09.1974, BStBl 1975 II S. 124
239 BFH vom 19.03.1975, BStBl 1975 II S. 722
240 §§ 21, 22 BGB)

schaftsvermögen. Ein Rückgriff auf den Gesellschafter ist regelmäßig nicht möglich. Ausnahmen ergeben sich nur in besonders gelagerten Ausnahmefällen wie dem Haftungsdurchgriff, in denen aber regelmäßig die Zahlungsunfähigkeit der Kapitalgesellschaft vorangeht, oder aus dem Konzernrecht z.B. bei Annahme eines qualifizierten faktischen GmbH-Konzerns[241].

Eine gesellschaftsrechtliche Verpflichtung zur Verlustübernahme ergibt sich lediglich aus § 302 AktG. Dies setzt aber voraus, dass der Gesellschafter mit der Kapitalgesellschaft einen an hohe formale Voraussetzungen gebundenen Beherrschungs- oder Gewinnabführungsvertrag abgeschlossen hat. Daneben besteht noch die Möglichkeit von schuldrechtlichen Vereinbarungen.

Ein zivilrechtlich zwingender Anspruch der Gesellschaft auf laufenden Kostenersatz ohne eine gesonderte freiwillige Vereinbarung zwischen Gesellschaft und Gesellschafter ist mangels Rechtsgrundlage nicht möglich.

Demnach steht es dem Gesellschafter völlig frei, wie er die Liquidität seiner daudefizitären Gesellschaft sicherstellt – falls er an einem Fortbestand der Gesellschaft interessiert ist. Er kann dies auf schuldrechtlicher oder auf gesellschaftsrechtlicher Grundlage machen. Dabei kann er die notwendige Liquidität zuführen als Eigen- oder als Fremdkapital. Er kann das Haftkapital der Gesellschaft erhöhen, aber auch Bar- oder Sacheinlagen (z.B. Aktien oder Beteiligungen = indirekter Querverbund) den Kapitalrücklagen zuführen. Er kann frische Liquidität laufend zuführen oder nach Bedarf z.B. auch in mehrjährigen Abständen. Er kann aber auch die Liquidität dadurch sicherstellen, dass er – gedanklich zur Verkürzung des Zahlungsweges, tatsächlich eher zu besseren Steuerung der Zahlungsströme – neben dem defizitären Bäder- oder Verkehrsbetrieb einen gewinnträchtigen Versorgungsbetrieb mit in die Kapitalge-

241 Vgl. hierzu Raiser, in: Recht der Kapitalgesellschaften, 2. Auflage, S. 248 und S. 334 unter Hinweis auf das Autokran-Urteil (BGHZ 95,330)

sellschaft integriert. Der Entscheidung des Steuerpflichtigen hat auch das Steuerrecht zu folgen, da im Steuerrecht der Grundsatz der Finanzierungsfreiheit gilt[242].

Es bleibt festzuhalten, dass mangels vorhandener Rechtsgrundlage die juristische Person des öffentlichen Rechts nicht zum laufenden Ausgleich von Verlusten auf schuldrechtlicher Grundlage gezwungen werden kann.

Daraus lässt sich aber auch ableiten, dass ein ordentlicher und gewissenhafter Geschäftsleiter keine Möglichkeit hat, vom Gesellschafter einen bestimmten Finanzierungsweg zu erzwingen. Die Aufgabe des ordentlichen und gewissenhaften Geschäftsleiters kann deshalb nur sein, die erforderliche Liquidität zu ermitteln und mit dem Gesellschafter einvernehmlich und rechtzeitig eine Liquiditätszuführung zu vereinbaren und damit die Lebensfähigkeit der Gesellschaft sicher zu stellen.

5.3.13. EUGH zu Altmark Trans

Mit Urteil vom 24.07.2003 hat der EUGH[243] zur Finanzierung des öffentlichen Personennahverkehrs Stellung genommen. Im Urteilsfall hatte ein kommunales Unternehmen gegen die Erteilung einer eigenwirtschaftlichen Genehmigung an einen vom Landkreis Stendal bezuschussten privaten Konkurrenten (Altmark Trans GmbH) geklagt. Strittig war, ob die Bezuschussung unter die Anwendung der EU-Verordnung 1191/69 falle und damit eine genehmigungspflichtige Beihilfe darstelle. Das Bundesverwaltungsgericht (BVerwG) kam als Revisionsinstanz zu der Auffassung, nach na-

242 GrS des BFH vom 08.12.1997, DStR 1998 S. 159 (Zweikontenmodell); GrS des BFH vom 04.07.1990, BStBl 1990 S. 817 (Kontokorrentkontobeschluss)

243 NJW 2003 S. 2515

tionalem Recht seien Zuschüsse „sonstige Erträge im handelsrechtlichen Sinne“ und stellten daher die sog. Eigenwirtschaftlichkeit nicht in Frage. Da es jedoch nicht auszuschließen sei, dass diese Beurteilung gegen Gemeinschaftsrecht verstoße, habe es den Fall dem EUGH vorgelegt. Es hat eine Entscheidung zu der Frage begehrt, ob die deutschen Behörden anordnen können, dass eigenwirtschaftlich erbrachte Regionalverkehrsdienste nicht unter die Verordnung 1191/69 fallen und, ob die Zuschüsse des Landkreises Stendal an die Altmark Trans GmbH nach dem EG-Vertrag verbotene staatliche Beihilfen darstellen. Bei Einstufung als Beihilfe wäre nach deutschem Recht grundsätzlich eine Ausschreibung der ÖPNV-Leistung notwendig gewesen. Bei Zahlung von Beihilfen bzw. Subventionen für die Erbringung einer ÖPNV-Leistung handele es sich um eine gemeinwirtschaftliche Leistung, die nach deutschem Recht zur Ausschreibung und zur Anmeldung bei der EU zwinge (sog. Notifizierungspflicht).

Der EUGH kam in seinem Urteil zu dem Ergebnis, dass die Anwendung der Verordnung 1191/69 entscheidend davon abhänge, ob Deutschland mit der Unterscheidung in eigen- und gemeinwirtschaftliche Verkehre eine grundsätzlich zulässige Teilbereichsausnahme für den Bereich des ÖPNV geschaffen habe. Voraussetzung für die Wirksamkeit einer solchen Teilbereichsausnahme sei indes deren Klarheit und Rechtssicherheit. Für den Fall, dass die Unterscheidung dem Grundsatz der Rechtssicherheit genüge, müsse weiter geprüft werden, ob nicht eine europarechtlich unzulässige Beihilfe vorliege. Staatliche Maßnahmen für Leistungen der Daseinsvorsorge seien allerdings insoweit nicht als Beihilfe zu qualifizieren, als sie eine Gegenleistung für Leistungen darstelle, die von den Unternehmen zur Erfüllung gemeinwirtschaftlicher Verpflichtungen (Daseinsvorsorge) erbracht würden. Damit ein öffentlicher Zuschuss als wettbewerbsneutrale Ausgleichszahlung und nicht als Beihilfe qualifiziert werden könne, müssten vier Voraussetzungen kumulativ erfüllt sein:

a) Betrauung des Unternehmens mit eindeutig definierten gemeinwirtschaftlichen Verpflichtungen.
b) Vorherige objektive und transparente Aufstellung der Kriterien, anhand derer der Ausgleich berechnet wird.
c) Der Ausgleich darf tatsächlich nur die Kosten für die gemeinwirtschaftlichen Verpflichtungen unter Berücksichtigung der dabei erzielten Einnahmen und eines angemessenen Gewinns decken.
d) Ist keine öffentliche Ausschreibung erfolgt, sind die erstattungsfähigen Kosten im Vergleich mit den Kosten zu bestimmen, die ein durchschnittliches, gut geführtes Verkehrsunternehmen zu tragen hätte.

Sodann verwies der EUGH den Fall zurück an das BVerwG zur Prüfung, ob § 8 PBefG europarechtskonform sei. Eine Entscheidung des BVerwG wird jedoch nicht mehr ergehen, da sich durch übereinstimmende Erklärung der Parteien das Verfahren erledigt hat[244] und die Firma Altmark Trans GmbH zwischenzeitlich liquidiert worden ist. Zwischenzeitlich haben allerdings mehrere deutsche Gerichte die Teilbereichsausnahme für zulässig erachtet[245].

Mit anderen Worten ist nach dem EUGH zur sicheren Vermeidung der Erfüllung eines Beihilfetatbestandes zwischen der Trägerkörperschaft und dem Verkehrsunternehmen eine Vereinbarung zu treffen, die den vier Vorgaben des EUGH entspricht (sog. marktorientierte Direktvergabe). Aber auch die marktorientierte Direktvergabe erfolgt regelmäßig auf gesellschaftsrechtlicher Grundlage.

Die zutreffende Auslegung der Vorgaben des EUGH ist weiterhin strittig. Ein eingesetzter Bund-Länder-Fachausschuss kommt in seinem Bericht vom 18.02.2004 zu den Konsequenzen der Altmark-Trans-Entscheidung mehrheitlich – nur Hessen ist wohl anderer Auffassung – zu dem Ergebnis, dass die derzeitige Praxis der

244 BVerwG, Beschluss vom 11.12.2003 – 3 C 7.99
245 Vgl. etwa OVG Lüneburg, Urteil vom 16.9.2004, Az. 7 LB 3545

sog. „marktorientierten Direktvergabe“ mit dem Beihilferecht in Einklang steht[246].

Zwischenergebnis

Steuerlich hat diese zum europäischen Beihilferecht ergangene Entscheidung jedoch unmittelbar keine Auswirkung, da der Besteuerung die tatsächlichen Vereinbarungen und die tatsächliche Durchführung zugrunde gelegt werden. Dies gilt unter Hinweis auf § 41 AO selbst dann, wenn die momentan bestehende beihilferechtliche Rechtsunsicherheit in dem Sinne geklärt werden würde, dass die derzeit überwiegend gesellschaftsrechtlich praktizierte Finanzierung der ÖPNV-Eigengesellschaften, ohne dass eine Ausschreibung oder ein Notifizierungsverfahren erfolgt, mit dem Beihilferecht nicht zu vereinbaren wäre. Momentan besteht aber nach dem Bericht des Bund-Länder-Fachausschusses vom 18.02.2004 kein Grund, die derzeitige Praxis als beihilferechtlich rechtswidrig anzusehen.

5.4. Verlustverrechnungsverbote

Die seit jeher praktizierte steuerliche Verrechnung von Verlust- mit Gewinnbetrieben der öffentlichen Hand steht mit der bestehenden Rechtsordnung im Einklang und ist deshalb nicht zu beanstanden. Es gibt eine Vielzahl von gesetzlichen Verlustverrechnungsverboten bzw. -regelungen:

- Einzig § 15 (4) EStG regelt ein Verlustausgleichsverbot für eine bestimmte Tätigkeit (gewerbliche Tierzucht)
- § 2a EStG betriff negative Einkünfte mit Auslandsbezug

246 Lotze/Jennert, ZKF 2004 S. 289 mit ausführlicher Darstellung beihilferechtlicher Fragestellungen

- § 2b EStG setzt negative Einkünfte aus Verlustzuweisungsgesellschaften voraus
- § 10d (1) (2) EStG schränken den Verlustabzug ein
- § 13 (7) EStG erklärt § 15a EStG auch bei Einkünften aus Land- und Forstwirtschaft für anwendbar
- § 15a EStG greift nicht bei Kapitalgesellschaften
- § 20 (1) Nr. 4 EStG erklärt § 15a EStG bei einer Stillen Beteiligung und partiarischen Darlehen für sinngemäß anwendbar
- § 22 Nr. 3 EStG schließt der Verlustausgleich sonstiger Einkünfte mit anderen Einkunftsarten aus. Keine Anwendung bei Kapitalgesellschaften, da diese nur gewerbliche Einkünfte haben.
- Entsprechendes gilt für die Verlustabzugsbeschränkungen des § 23 EStG bei privaten Veräußerungsgeschäften
- § 50 (1) EStG regelt den Verlustausgleich bei beschränkt Steuerpflichtigen, nach dem nur im Zusammenhang mit inländischen Einkünften stehende Verluste ausgleichsfähig sind
- § 50 (2) EStG schließt den Verlustabzug bei beschränkt Steuerpflichtigen generell insbesondere bei Einkünften aus, die dem Steuerabzug unterliegen
- § 8 (4) KStG versagt den Verlustabzug bei fehlender Unternehmensidentität
- § 13 (3) KStG schränkt die Verlustverwertung bei Wohnungsunternehmen ein
- § 14 (1) Nr. 5 KStG regelt die Verlustberücksichtigung bei einem ausländischen Organträger
- § 15 Satz 1 Nr. 1 KStG schließt den Verlustabzug bei einer Organgesellschaft aus (Abzugsverbot vororganschaftlicher Verluste)
- § 32 (1) KStG erklärt die Körperschaftsteuer für Einkünfte als abgegolten, die z.B. im Hoheitsvermögen der juristischen Personen des öffentlichen Rechts (§ 2 Nr. 2 KStG) dem Steuerabzug unterliegen; ein Verlustausgleich wird damit unterbunden.

- § 4 (2) Satz 2 UmwStG weist an, dass Verlustvorträge nicht von einer Kapitalgesellschaft auf natürliche Personen / Mitunternehmerschaften übergehen
- § 12 (3) UmwStG ist eine korrespondierende Regelung zu § 8 (4) KStG im Falle der Verschmelzung und verlangt über 5 Jahre eine Unternehmensidentität
- § 16 Satz 3 UmwStG untersagt den Übergang eines Verlustvortrages von einer Kapitalgesellschaft auf eine Personengesellschaft
- § 19 UmwStG erklärt für die GewSt die Beschränkungen beim körperschaftsteuerlichen Verlustvortrag entsprechend für anwendbar
- § 22 (4) UmwStG untersagt die Übertragung von gewerbesteuerlichen Verlustvorträgen auf die übernehmende Kapitalgesellschaft
- § 10a Satz 3 GewStG untersagt ab dem VZ 2004 die Verrechnung mit vororganschaftlichen Verlustvorträgen der Organgesellschaft
- § 10a Satz 5 GewStG verbietet die Übernahme von Verlusten bei einem Betriebsübergang in Ganzen gemäß § 2 (5) GewStG (Unternehmeridentität)
- § 10a Satz 6 GewStG verlangt die Unternehmensidentität entsprechend § 8 (4) KStG
- § 10 (3) AStG regelt Verluste bei sog. Zwischengesellschaften
- § 2 (3) Sätze 2 bis 8 EStG regelte den Verlustausgleich zwischen den einzelnen Einkunftsarten und wurde ab VZ 2004 mangels Handhabbarkeit wieder aufgehoben
- Einkunftserzielungsabsicht (§§ 2, 15 (2), 15 (3) EStG) mit der daraus abgeleiteten Gewinnerzielungsabsicht ist nicht einschlägig, da § 4 (1) Satz 2 KStG für Betriebe gewerblicher Art als lex specialis die Gewinnerzielungsabsicht als nicht erforderlich erklärt.

Es gibt – ohne dass Anspruch auf Vollständigkeit erhoben wird – wie oben angeführt eine Vielzahl von Regelungen, die den Verlustausgleich oder den Verlustabzug beschränken oder untersagen. Keine dieser Regelungen schränkt jedoch den Verlustausgleich von dauerdefizitären Betrieben der öffentlichen Hand ein. Der Verlustausgleich innerhalb des kommunalen Querverbunds entspricht daher der bestehenden Rechtsordnung.

Der Gesetzgeber hat Verlustausgleichsbeschränkungen an so vielen Stellen in unterschiedliche Steuergesetzen installiert und zum Teil auch so detailliert geregelt, dass bezüglich der steuerlichen Behandlung kommunaler dauerdefizitärer Betriebe weder von einer planmäßigen noch von einer planwidrigen Gesetzeslücke ausgegangen werden kann. Insbesondere ist der Verwaltung und dem Gesetzgeber der Sachverhalt seit jeher bekannt und die Verwaltung ist sich der hier diskutierten Problematik auch vollkommen bewusst[247]. Damit ist die steuerliche Ergebnisverrechnung vom Gesetzgeber auch so gewollt. Ist der Verlustausgleich zukünftig nicht mehr erwünscht, so muss der Gesetzgeber aktiv werden.

247 Vgl. oben unter Tz. 3.1.

6. Das Verfahren I R 8/04

In dem Verfahren I R 08/04 hat der BFH mit Beschluss vom 25.01.2005 das BMF aufgefordert, dem Verfahren beizutreten. Nach dem geschilderten Sachverhalt handelt es sich um einen Bäderbetrieb in der Rechtsform eines Betriebes gewerblicher Art eines kommunalen Zweckverbands. Ein Zweckverband ist ein Zusammenschluss mehrerer juristischen Personen des öffentlichen Rechts zur gemeinsamen Durchführung einer Aufgabe, wobei der Zweckverband wiederum eine eigenständige juristische Person des öffentlichen Rechts darstellt[248]. Weitere Tätigkeiten des Zweckverbandes sind nicht erkennbar. Dem Vermögen des Betriebes gewerblicher Art wurde mit Wirkung zum 01.01.1989 eine Beteiligung von rd. 16,67% an einer AG als gewillkürtes Betriebsvermögen eingelegt. Streitjahre sind 1993 und 1994.

6.1. Segmentierung in Bäderbetrieb und Beteiligung

In dem Verfahren ist zunächst zu klären, ob eine Segmentierung des Betriebes gewerblicher Art überhaupt zulässig ist. Es reicht aus, wenn die abzugrenzende Tätigkeit gegenüber der übrigen gewerblichen Tätigkeit **deutlich abgrenzbar** ist. Es muss sich auch um eine eigenständige Tätigkeit handeln[249].

Aus dem Sachverhalt ist ersichtlich, dass der BgA eine Haupttätigkeit in Form eines Bäderbetriebes mit einer Beteiligung als ge-

248 Cronauge, Kommunale Unternehmen, S. 64

249 vgl. oben Tz. 4.2.

willkürtes Betriebsvermögen zum Unternehmensgegenstand hat. Gewillkürtes Betriebsvermögen sind die Wirtschaftsgüter, die objektiv geeignet und bestimmt sind, den Betrieb zu fördern[250]. Eine dividendenstarke Beteiligung fördert stets den Betrieb[251], was im vorliegenden Sachverhalt wohl auch unstrittig ist. Die Beteiligung fördert den Bäderbetrieb offensichtlich durch Zuführung von Finanzmitteln in markanter Höhe. Weitergehende Funktionen, die über die Effekte der Stärkung des Vermögensstatus hinausgehen, sind nicht erkennbar. Insbesondere ist nicht ersichtlich, dass der BgA neben dem Bäderbetrieb eine (konzern-)leitende Holdingfunktion wahrnimmt oder die direkte Leitungsfunktion der Beteiligung übernommen hat[252]. Nicht ausreichend für die Annahme eines Betriebes gewerblicher Art ist die bloße Möglichkeit der Einflussnahme, die Mehrheitsbeteiligung als solche (liegt hier wohl nicht vor) oder die bloße Überwachung der Geschäftsführung[253]. Auch kann aus der Höhe des Werts der Beteiligung im Vergleich zum Bäderbetrieb nichts anderes abgeleitet werden, da es regelmäßig nicht auf eine quantitative sondern rein auf eine funktionale Betrachtungsweise ankommt[254]. Die Beteiligung fördert deshalb offensichtlich lediglich den Bäderbetrieb, ohne ein eigenständiges

---

250 R 13 (1) EStR; Heinicke in Schmidt, § 4 Rz. 105 und 150ff; BFHE 182, 567 BStBl 1997 II S. 399

251 Vgl. zu BgA OFD Frankfurt vom 11.04.1997, StE 1998 S. 53; Schmidt § 4 Rz. 252

252 BFH vom 30.06.1971, BStBl 1971 II S. 753: durch die Übernahme der direkten Leitungsfunktion begründet die Kommune mit dem Halten der Beteiligung einen BgA

253 BFH vom 30.06.1971, BStBl 1971 II S. 753

254 Vgl. BFH vom 02.10.1997, BStBl 1998 II S. 104; BMF-Schreiben vom 16.08.2000, BStBl 2000 I S. 1253; BFH vom 24.04.2000, BStBl 2003 II S. 412: der geringe Wert der gelagerten Vorräte auf einem Grundstück ist nicht entscheidend; entscheidend ist die Notwendigkeit der Vorräte für den Betrieb und damit der funktionale Zusammenhang. Das Grundstück ist damit eine wesentliche Betriebsgrundlage.

Tätigkeitsgebiet zu eröffnen. Eine Segmentierung erscheint deshalb als nicht zulässig, es handelt sich um **einen Betrieb mit einer Tätigkeit**.

6.2. „Struktureller" Defizitbetrieb

Ferner ist zu klären, ob es sich tatsächlich um einen strukturellen dauerdefizitären Betrieb handelt. Wie bereits oben beschrieben wurde, befinden sich kommunale Unternehmen in einem verschärften Umstrukturierungsprozess, da die öffentlichen Haushalte sich in einer äußerst angespannten Lage befinden. Gerade in größeren Kommunen mit vielen öffentlichen Badeeinrichtungen wird eine Kostenentlastung erwartet. Umstrukturierungen reichen dabei von der Schließung einzelner Bäder, Kostenoptimierungsprogrammen, organisatorische Maßnahmen, Ausbau zu Erlebnisbädern, Umbau der Bäder mit Reduzierung kostenträchtiger Nassbereiche, Errichtung gesondert zu vergütender Highlights wie Riesenrutschen und Erweiterung um einkommensstarke Trockenbereiche (Sauna, Beauty-Bereiche, Gastronomie, Unterhaltung) bis hin zur Privatisierung.

Dass im Streitfall keine Strukturmaßnahmen[255] ergriffen werden, widerspricht den aktuell zu machenden Erfahrungen. Aus Sicht des Finanzgerichts waren zu dem Themenkomplex keine Feststellungen zu treffen. Für die Frage einer privaten (hoheitlichen) Motivation hat die Frage aber Bedeutung.

255 Vgl. BFH vom 21.07.2004, BStBl 2004 II S. 1063

6.3. Gewinn oder Verlust

Der BgA Bäderbetrieb weist in den Streitjahren 1993 und 1994 folgende Ergebnisse aus:

	Jahresüberschuss	davon Beteiligungsertrag	Rest operatives Ergebnis
1993	- 1.978.511	unbekannt	unbekannt
1994	+ 44.779.823	+ 50.222.909	- 5.443.086

Stellt man rein auf das operative Ergebnis ab, hat der Bäderbetrieb wie in den Jahren zuvor und wohl auch in den nachfolgenden Jahren ausschließlich Verluste produziert. Betrachtet man jedoch das handelsrechtliche Ergebnis, wird im ersten Streitjahr ein Verlust ausgewiesen, im Jahr 1994 jedoch ein erheblicher Gewinn.

Der BFH geht in seinem Beschluss vom 25.01.2005 ohne nähere Erläuterung offensichtlich von dem operativen negativen Ergebnis aus und lässt die Gewinnausschüttungen in seiner Betrachtung unberücksichtigt. Dies wirft natürlich sofort die Frage auf, ob das Ergebnis **eines Betriebes** – siehe oben – in seine Einzelbestandteile zerlegt werden darf und welche Ergebnisbestandteile berücksichtigt werden dürfen und welche nicht. Wenn die Gewinnausschüttungen der Aktien nicht berücksichtigt werden, muss dann nicht auch das gesamte Finanzergebnis und damit der Zinsaufwand eliminiert werden?

Diese Fragen lassen sich wohl sehr klar im Einklang mit dem BFH[256] dahingehend beantworten, dass natürlich das Gesamtergebnis zu würdigen ist. Die Zuordnung von Aktien zu dem Betriebsvermögen des BgA führt auch steuerlich wirksam zu gewillkürtem Betriebsvermögen. Dies hat aber zwangsläufig zur Folge, dass die

256 BFH vom 25.07.2002, BFH/NV 2002 S. 1341

Erträge dieses gewillkürten Betriebsvermögens Teil des Gewinns des BgA sind.

Das Ergebnis ist, dass der zu untersuchende Bäderbetrieb gar kein Verlustbetrieb ist. Stattdessen handelt es sich ausweislich des Ergebnisses des Jahres 1994 um einen Gewinnbetrieb. Die Eigenschaft als Gewinnbetrieb wird sogar in den Folgejahren bestätigt, wonach der BgA in 1997 und 2001 hohe Gewinne erwirtschaftete. Addiert man die Ergebnisse des Bäderbetriebs ab dem Streitjahr bis zum Jahr 2001 auf, ergibt sich ein Überschuss der Gewinne über die Verluste von 56.538.051 DM. Daraus ist auch abzuleiten, dass die Feststellung des Finanzgerichts, dass der Bäderbetrieb strukturell verlustbringend sei, offensichtlich unzutreffend ist[257].

6.4. BgA erbringt keine Leistung gegenüber der Trägerkörperschaft

Der BFH stellt zur Diskussion, ob in der Übernahme des Bäderbetriebs durch den BgA eine Leistung des BgA gegenüber der Trägerkörperschaft gesehen werden kann, da der BgA eine Aufgabe erbringe, die an sich der Trägerkörperschaft obliegt. Die Leistungserbringung wiederum erfordert ein angemessenes Entgelt in Form des Verlustausgleichs samt Gewinnzuschlag.

Der Annahme eines Leistungsaustausches kann nicht gefolgt werden. Das Einkommen eines Betriebs gewerblicher Art wird zwar nach ständiger Rechtsprechung so ermittelt, als ob der Betrieb gewerblicher Art ein selbständiges Steuerrechtssubjekt in der Rechtsform der Kapitalgesellschaft und die Trägerkörperschaft de-

---

257 BFH vom 25.07.2002, der ausdrücklich festgestellt hat, dass die beiden BgA im Urteilsfall (Musikschule und Volkshochschule) durch die Einlage der Aktien Gewinnbetriebe geworden sind, die sogar einen Totalgewinn im Sinne der Rechtsprechung zur Liebhaberei erwarten lassen!

ren Alleingesellschafter wäre[258]. Daher sind interne Vereinbarungen zwischen der Trägerkörperschaft und ihrem Betrieb gewerblicher Art bei der Gewinnermittlung grundsätzlich zu beachten, wenn die Vereinbarung auch bei der Besteuerung einer Kapitalgesellschaft zu beachten wäre. Die Gleichstellung des Verhältnisses zwischen einer Kapitalgesellschaft und ihren Gesellschaftern einerseits und einem Betrieb gewerblicher Art andererseits findet allerdings dort ihre Grenze, wo die Besonderheiten des Betriebs gewerblicher Art eine andere Sachbehandlung gebieten[259].

Eine Grenze ist dort zu ziehen, wo der Zweck des § 1 (1) Nr. 6 KStG es erfordert[260] – wesentliche Betriebsgrundlagen eines BgA sind dessen notwendiges Betriebsvermögen und können deshalb nicht intern verpachtet werden – oder tatsächliche Zustände zu beachten sind. Ein tatsächlicher Zustand ist die Tatsache, dass die Trägerkörperschaft durch den Betrieb des Bades tätig wird. Die Trägerkörperschaft nimmt höchstselbst die Erfüllung der Aufgabe wahr und begründet dadurch per Gesetzesbefehl einen steuerlich relevanten Bereich, eben einen Betrieb gewerblicher Art. Eine Aufgabenübertragung liegt somit von vornherein nicht vor. Der Betrieb gewerblicher Art ist somit bloße Folge der Erfüllung der Aufgabe **in eigener Verantwortung.** Die Trägekörperschaft bleibt das Steuersubjekt, auch wenn der Betrieb gewerblicher Art der Gegenstand der Besteuerung ist[261]. Eine gedankliche Aufgabenübertragung einer der Trägerkörperschaft obliegenden Leistung an sich selbst mit interner Vereinbarung einer schuldrechtlichen Verlustausgleichsverpflichtung erscheint daher gekünstelt.

---

258 BFH vom 24.04.2002, BStBl 2003 II S. 412; BFH vom 17.05.2000, BStBl 2001 II S. 558 m. w. N.

259 BFH vom 10.07.1996, BStBl 1997 II S. 230

260 BFH vom 24.04.2002, BStBl 2003 II S. 412

261 BFH vom 13.03.1974, BStBl 1974 II S. 391

Die Gleichstellung der Einkommensermittlung des Betriebs gewerblicher Art mit einer Kapitalgesellschaft findet somit eine weitere Grenze in der Beachtung tatsächlicher Zustände.

6.5. Besteuerung eines fiktiven Gewinns kann verfassungsrechtlich bedenklich sein

Abschließend noch ein kurzer Gedanke. Die Besteuerung eines **fiktiven Gewinnzuschlags** würde dazu führen, das ein unbestritten nicht entstandener Gewinn – ganz im Gegenteil, die Trägerkörperschaft erleidet durch den Verlustbetrieb tatsächlich einen Substanzverlust – der Besteuerung zu Grunde gelegt werden und eine Steuerzahllast auslösen würde. Die Besteuerung würde damit zu einem zusätzlichen Substanzverlust führen. Hier drängen sich verfassungsrechtliche Bedenken direkt auf, z.B. im Rahmen des sog. Übermaßverbotes[262].

6.6. Ergebnis

Mit dem Betrieb der Bäder in eigener Verantwortung erbringt die Trägerkörperschaft keine – auch keine fiktive – Leistung an sich selbst. Durch die Tätigkeit wird lediglich ohne weiteres zutun der Trägerkörperschaft eine steuerliche Sphäre innerhalb der Trägerkörperschaft in Form des Betriebes gewerblicher Art begründet. Auch die einer Kapitalgesellschaft weitestgehend gleichgestellte Einkommensermittlung kann es nicht rechtfertigen, die eigene Aufgabenwahrnehmung als fingierte Leistung – sozusagen die

262 vgl. Ruppe in Herrmann/Heuer/Raupach, Einf. ESt Anm. 546: ein Steuereingriff trotz fehlender Leistungsfähigkeit verstößt gegen das Übermaßverbot

Übernahme der eigenen Obliegenheiten durch sich selbst – zu werten. Der Bäderbetrieb im Verfahren I R 8/04 ist überdies ein einziger Betrieb, der durch die anfallenden Gewinne zumindest ab 1993 bzw. ab 1994 einen Gewinnbetrieb darstellt. Ob daraus auch eine Gewinnerzielungsabsicht abgeleitet werden kann, ist nicht Gegenstand dieser Untersuchung. In jedem Fall liegt nach dem erkennbaren Sachverhalt kein strukturell dauerdefizitärer Betrieb vor mit der Folge, dass keine verdeckte Gewinnausschüttung vorliegt und sich damit die Frage nach einer verdeckten Gewinnausschüttung erst gar nicht stellt.

7. Verfahrensrechtlicher Hinweis

Im Rahmen von Betriebsprüfungen ist derzeit verstärkt zu beobachten, dass die Verwaltung unter Berufung auf die derzeitige Diskussion dem Querverbund teilweise rückwirkend die Anerkennung versagen bzw. eine verdeckte Gewinnausschüttung bei Dauerverlustbetrieben annehmen will. Soweit bereits Bescheide unter Berücksichtigung der bisherigen Rechtslage ergangen sind, ist die nachträgliche Annahme einer verdeckten Gewinnausschüttung verfahrensrechtlich nicht zulässig.

Wie oben in Tz. 3 dargestellt, wird der steuerliche Querverbund bis zum heutigen Tage auch mit dauerdefizitären Betrieben nach der bisherigen höchstrichterlichen Rechtsprechung[263] und der Erlasslage der obersten Finanzbehörden[264] anerkannt. Vom Bundesfinanzhof gibt es noch keine Rechtsprechung, nach der die Verluste eines dauerdefizitären Betriebes gewerblicher Art im Rahmen der Besteuerungssystematik nach § 1 (1) Nr. 6 i. V. m. § 4 KStG oder im Rechtskleid der Kapitalgesellschaft nach allgemeinen Grundsätzen zu einer verdeckten Gewinnausschüttung führen würden. Der Bundesfinanzhof hat die Rechtsfrage bisher lediglich thematisiert und zur Diskussion gestellt. Nur das FG Köln[265] ist in einem nicht rechtskräftigen Urteil auf Grund der neuen Überlegungen des BFH

263 Zuletzt BFH vom 04.09.2002, BFH/NV 2003 S. 511

264 BMF vom 15.06.1978; koordinierter Ländererlass des Hessischen Ministers der Finanzen vom 10.04.1980, Lexinform Nr. 54444; FinMin NRW vom 11.03.1993, Lexinform Nr.106760

265 FG Köln vom 23.06.2004, EFG 2004 S. 1715; Nichtzulassungsbeschwerde eingelegt (BFH V B 194/04, I B 145/04)

zu dem Ergebnis gekommen, dass eine verdeckte Gewinnausschüttung vorliegt. Würde sich der BFH der Auffassung des FG Köln anschließen, würde das die bisherige Rechtslage gravierend verändern. Es wäre eine Änderung der Rechtsprechung.

Eine Änderung der Rechtsprechung löst den Vertrauensschutz nach § 176 (1) Nr. 3 AO aus. Danach darf bei der Aufhebung oder Änderung eines Steuerbescheides nicht zuungunsten des Steuerpflichtigen berücksichtigt werden, dass sich die Rechtsprechung geändert hat. Damit wird den Steuerpflichtigen für die Vergangenheit Vertrauensschutz gewährt, wenn bereits ein formell bestandskräftiger Bescheid ergangen ist, der unter Berücksichtigung der bisherigen Rechtslage ergangen ist. Bei einer Änderung der Rechtsprechung ist so vorzugehen, als hätte die frühere für den Steuerpflichtigen günstige Rechtsauffassung nach wie vor Gültigkeit. Da auf die formelle und nicht auf die materielle Bestandskraft abgestellt wird, fällt auch ein unter dem Vorbehalt der Nachprüfung ergangener Bescheid unter die Schutzvorschrift[266].

Eine entsprechende Schutzwirkung entfaltet die bisherige Erlasslage, da der BFH die Erlasslage dann als nicht mit dem geltenden Recht in Einklang stehend einstufen dürfte. Nach allgemein gültigen Schreiben und Erlassen des BMF und der obersten Finanzbehörden der Länder ist der Querverbund anzuerkennen und Dauerverluste führen zu keiner verdeckten Gewinnausschüttung. Auf diese Erlasslage kann sich der Steuerpflichtige berufen.

Bei der erstmaligen Veranlagung eines Jahres entfaltet § 176 AO keine Schutzwirkung.

266 AEAO zu § 176 Nr. 2

8. Zusammenfassung

Der Betrieb von „strukturell“ dauerdefizitären Betrieben gewerblicher Art wie öffentlicher Personennahverkehr (ÖPNV) oder Bäder innerhalb einer Kapitalgesellschaft gemeinsam mit andersartigen Gewinnbetrieben führt nach der bestehenden Rechtslage **nicht** zu einer verdeckten Gewinnausschüttung an die kommunale Trägerkörperschaft. Die betrieblichen Tätigkeiten – innerhalb der Trägerkörperschaft als Betriebe gewerblicher Art – werden kraft Gesetzes der steuerrelevanten Sphäre zugeordnet, auch wenn keine Gewinnerzielungsabsicht besteht. Der Gesetzgeber stellt ausschließlich auf eine Einnahmeerzielungsabsicht ab. Eine außersteuerliche Motivation (private bzw. öffentlich-rechtliche Beweggründe) für die Tätigkeiten liegt nicht vor, da die verlustbehafteten Tätigkeiten kraft Gesetzes der steuerlichen Sphäre zugeordnet werden und damit alle Organisationsentscheidungen zwangsläufig innerhalb der steuerlichen Sphäre erfolgen.

Für eine Einkommenskorrektur des betrieblich entstandenen Verlustes gibt es keine Rechtsgrundlage. Es liegt weder eine Steuerumgehung noch eine verdeckte Gewinnausschüttung vor und innerhalb der Einkommensermittlung für Kapitalgesellschaften – anders als bei den besonderen Besteuerungsregeln für Betriebe gewerblicher Art – existiert kein Verlustausgleichsverbot.

Die gesellschaftsrechtliche Finanzierung der kommunalen Eigengesellschaften ist die übliche Finanzierungsform (Fremdvergleich). Ein ordentlicher und gewissenhafter Geschäftsleiter setzt sich daher keinem Haftungsrisiko nach §§ 43 GmbHG, 93 AktG aus, wenn er mit seinem Gesellschafter keinen Verlustausgleich samt Gewinnzuschlag auf schuldrechtlicher Basis vereinbart (Organisations- und Finanzierungsfreiheit). Die von der Rechtsprechung aufgestellte typisierende These, dass ein ordentlicher und gewissenhafter Geschäftsleiter immer einen schuldrechtlichen Verlustausgleich samt Gewinnzuschlag vereinbaren würde, ist eine unbelegte Behauptung, die mit der kommunalwirtschaftlichen Realität nicht in Einklang zu bringen ist. Die Sorgfaltspflicht eines Geschäftsleiters kann immer nur an den Umständen der jeweils bestimmten Gesellschaft gemessen werden.

In jedem Fall übernimmt die Trägerkörperschaft die Finanzierung der anfallenden Verluste und ist damit vermögensmäßig belastet, unabhängig davon ob eine schuldrechtliche oder gesellschaftsrechtliche Finanzierung vereinbart worden ist. Die Trägerkörperschaft erspart sich keine Aufwendungen. Damit kann sich bei der Trägerkörperschaft auch kein objektiv zurechenbarer (materieller) Vorteil ergeben, der aber Voraussetzung für das Vorliegen einer verdeckten Gewinnausschüttung ist.

Dies wird besonders deutlich, wenn die Trägerkörperschaft selber die Tätigkeit ausübt. Die Trägerkörperschaft bestreitet dann in eigenem Namen und auf eigene Rechnung **aus ihrem Haushalt** in vollem Umfang die Tätigkeit (Verlustbetrieb) und leistet alle Ausgaben und vereinnahmt alle Erträge, auch wenn die Tätigkeit als Eigenbetrieb nach der Eigenbetriebsverordnung organisiert wird. Für steuerliche Zwecke sind diese Einnahmen und Ausgaben zwingend dem steuerlichen BgA zuzuordnen, auch wenn einzelne Vorgänge im allgemeinen Haushalt und nicht im Buchungskreis des Eigenbetriebs ausgewiesen werden.

Die aufkeimende Forderung der Rechtsprechung nach einer zwingend schuldrechtlich vorzunehmenden Finanzierung der anfallenden Verluste mit einem zusätzlich zu zahlenden Gewinnzuschlag ist mit der bestehenden Rechtslage nicht in Einklang zu bringen (Nichtbeachtung der Dispositions- und Finanzierungsfreiheit) und würde zur Besteuerung einer tatsächlich nicht vorhandenen Vermögensmehrung und damit zu einer unzulässigen Sollbesteuerung führen.

Eine kommunale Eigengesellschaft erbringt gegenüber der Trägerkörperschaft auch dadurch keine fiktive Geschäftsbesorgung, dass eine Aufgabe der Daseinsvorsorge (sei es eine Pflichtaufgabe oder eine freiwillige Aufgabe wie der ÖPNV) von der Trägerkörperschaft der Gesellschaft zugewiesen wird. Ein schuldrechtlicher Leistungsaustausch findet nicht statt, die Organisationsentscheidung und Aufgabenzuweisung findet auf gesellschaftsrechtlicher Grundlage statt.

Der öffentlichen Hand steht es frei (Dispositionsfreiheit), ihre betrieblichen Tätigkeiten auch in einer privaten Rechtsform und somit auch im Rechtskleid einer Kapitalgesellschaft zu organisieren (Organisationsakt); ein Missbrauch rechtlicher Gestaltungsmöglichkeiten im Sinne des § 42 AO liegt nicht vor. Für die Besteuerung gelten dann die allgemeinen für die Rechtsform geltenden Grundsätze, die besonderen Besteuerungsregeln nach § 1 (1) Nr. 6 i.V.m. § 4 KStG finden keine Anwendung.

Nachdem der Gesetzgeber kein spezielles Verlustausgleichsverbot für nicht gleichartige betriebliche Gewinn- und Verlusttätigkeiten der öffentlichen Hand kodifiziert hat, sind die Ergebnisse innerhalb einer Kapitalgesellschaft uneingeschränkt ausgleichsfähig. Ist ein Verlustausgleich politisch nicht mehr erwünscht, muss dies vom Gesetzgeber geregelt werden.

Kommunalwirtschaftliche Forschung und Praxis

Herausgegeben von Prof. Dr. Wolf Gottschalk

Band 1 Ulf Klostermann: Controlling zur Unterstützung von Least-Cost Planning im Elektrizitätsunternehmen. 1998.

Band 2 Heinz Bolsenkötter / Michael Poullie: Rechnerisches Unbundling in der Strom- und Gasversorgung. Rechnungslegung nach dem neuen Energiewirtschaftsgesetz. 3., neubearbeitete Auflage. Die 1. und 2. Auflage sind im Jahre 2000 unter dem Titel *Rechnungslegung nach der Elektrizitätsbinnenmarkt-Richtlinie und nach § 9 EnWG* erschienen. 2003.

Band 3 Klaus Traube / Wolfgang Schulz: Aktuelle Bewertung der Kraft-Wärme-Kopplung. Ökologische und ökonomische Wirkung eines mittelfristigen Ausbaus der Kraft-Wärme-Kopplung zur Nah-/Fernwärmeversorgung in Deutschland. 2001.

Band 4 Axel Thomas: Unternehmensinternes Kostenmanagement in Energieversorgungsunternehmen. Grundlagen effektiver Kostenrechnungsverfahren auf der Basis der SAP-Software. 2001.

Band 5 Georg Raffetseder: Erfolgs- und Mißerfolgsfaktoren der Verwaltungsmodernisierung. Zur Steuerung von Reformprozessen. 2001.

Band 6 Andreas Schmidt: Stadtwerke auf neuen Märkten. Gemeinderechtliche Chancen umweltschonender Energiedienstleistungen. 2002.

Band 7 Hannes Rehm / Sigrid Matern-Rehm: Kommunale Finanzwirtschaft. 2003.

Band 8 Alexander Meckies: Die persönliche Haftung von Geschäftsleitern in Kapitalgesellschaften der öffentlichen Hand. 2003.

Band 9 Nicole Weiß: Liberalisierung der Wasserversorgung. Gestaltungsspielräume und Grenzen einer Reform der Wasserversorgung unter besonderer Berücksichtigung der Rechtslage in Bayern. 2004.

Band 10 Matthias Ganske: Corporate Governance im öffentlichen Unternehmen. 2005.

Band 11 Bohdan Kalwarowskyj: Kommunale Dauerverlustbetriebe und verdeckte Gewinnausschüttung. 2006.

www.peterlang.de

FSC
www.fsc.org
MIX
Papier | Fördert gute Waldnutzung
FSC® C083411

Kolibri 360 GmbH
Ferdinand-Jühlke-Straße 7
99095 Erfurt, Deutschland
produktsicherheit@kolibri360.de

Druck:
CPI Druckdienstleistungen GmbH
im Auftrag der
Kolibri 360 GmbH
Ferdinand-Jühlke-Str. 7
99095 Erfurt